中华文明突出特性阐释丛书

张志强 主编

革故鼎新
中华文明突出的创新性

傅正 著

浙江古籍出版社

"中华文明突出特性阐释丛书"编委会

主　　编：张志强

编委成员（按姓氏笔画排序）：

　　　　王旭斌　龙涌霖　任蜜林　刘　丰

　　　　孙海科　胡海忠　程为民　傅　正

本册著者：傅　正

总 序

2023年6月2日，习近平总书记考察中国社会科学院中国历史研究院，并在文化传承发展座谈会上发表重要讲话。这是一篇具有里程碑意义的讲话，充满理论力量和学术含量。习近平总书记在讲话中发出了在新的历史起点上建设文化强国、建设中华民族现代文明的号召，为推进中国特色社会主义文化建设提供了科学指引和行动指南。

在讲话中，习近平总书记对"第二个结合"进行了系统论述，标志着习近平总书记关于文化建设的理论思考已经成熟，在一定意义上也标志着习近平文化思想的形成。在讲话中，习近平总书记提出了中华文明"五个突出特性"，深刻把握中华文明的突出特性，是实现"第二个结合"的前提。习近平总书记指出，"只有立足波澜壮阔的中华五千多年文明史，才能真正理解中国道路的历史必然、文化内涵与独特优势"，因此，中华文明"五个突出特性"的提出，也标志着习近平总书记关于中华文明发展规律的认识已经成熟，标志着在中华文明发展规律基础上开辟和发展中国特色社会主义道路的规律性认识已经成熟。

中华文明突出特性构成了中华文明发展规律的内涵。把握中华文明发展规律，深刻理解中国道路的历史必然、文化内涵与独特优势，是建设中华民族现代文明的必要前提。中华民族现代文明是继承和发展中华文明突出特性的产物，也是中国共产党领导中国人民对中华文明突出特性进行创造性转化和创新性发展的现代形态。

中华文明"五个突出特性"的提出，回答了关于中华文明发展的规律性问题，驳斥了关于中华文明的种种错误认识，重建了中华文明历史的整体叙事，揭示了中国所以为中国的内在道理。

中华文明突出的连续性，包含着一种深刻的历史观。这种历史观是从过去现在未来的连续整体出发，把历史理解为文明实践的总体性。从历史实践的内在视野出发，将文明理解为一个文化生命体的有机生长进程。5000多年中华文明史尽管经历过曲折困顿，但中华文明始终能够承敝通变，穷变通久，以通古今的方式究天人，以深刻的历史主动性精神不断将中华文明历史贯通下去。在中华文明的通史精神中蕴含着中华文明连续性的奥秘。中华文明的连续性表明，所有对中国历史的断裂性解释都是不符合中国实际的认识。

中华文明突出的创新性，包含着一种深刻的革命观。这种革命观是对天道自我更化能力的说明，是积极面对变革、主动谋求变革的历史主动精神的体现。这种革命观是连续性的动力和根据，也是使得变化能够成就发展的内在要求。中华文明的连续性和创新性互为表里，成为中华文明发展的内在规律。中华文明的创新性表明，所有关于中国没有历史的停滞性解释都是不符合中国实际的认识。

中华文明突出的统一性，包含着一种深刻的世界观。这种世界观是从天下一家的视野出发，从团结凝聚的大一统传统出发，将不同地域不同族群的天下人，在面对共同危机中凝聚为一个多元一体的命运共同体，贯穿其中的是天下为公的共同价值。中华民族共同体的形成历史就是人类命运共同体的典范。中华文明的统一性表明，所有把大一统解释为僵化"专制"的历史认识，都是不符合中国实际的认识。

中华文明突出的包容性，包含着一种深刻的价值观。这种价值观来自一种关于天地之德的认识，也出自一种从实际出发的哲学认识论。根据这种认识论，差异是不可回避的实际，贯通差异、调适差异，而非取消差异或是将差异绝对化，才是对待差异的正确态度。这种态度表明了一种克服自我中心的价值观，一种来自天地无私之德的价值观。中华文明的包容性表明，多元一体的中华民族是中华民族共同体实践中形成的包容性价值观的结果。

中华文明突出的和平性，包含着一种深刻的伦理观。天下一家、四海之内皆兄弟的理想，表明中华文明是以道德秩序来构造世界的，个人与家国天下之间在道德感通中不断推扩延伸，最终形成一种群己合一的共生秩序。这种天下一家的伦理观，决定了中华文明的和平性，决定了中华文明从来都是以共生和谐的态度来对待矛盾、对待分歧，从来不强人从己，而是在差异中求大同，认为对立面可以在交流沟通中达成和谐。中华文明的和平性表明，用所谓帝国、征服等认识模式来看待中国历史是不符合中国实际的。中华文明的和平性是中华文明包容性的伦理表现，也正是由于和平性，包容性才能真正落实为一种共同体建设，落实为一种共生的秩序。

对中华文明突出特性的研究，是习近平文化思想研究阐释的重要内容。做好习近平文化思想的学理性和系统性阐释，发挥好中国社会科学院的学术优势和理论优势，是中国社会科学院的职责使命之一。因此，做好习近平文化思想的哲学研究和阐释，也是中国社会科学院哲学研究所的职责使命。中国社会科学院哲学研究所中国哲学学科组织团队，先后申报并获评了国家社科基金重大项目、中国社会科学院"建设中华民族现代文明研究阐释工程"的重大项目"中华文明'五个突出特性'

的哲学研究"。中国哲学学科将本项目的研究作为一项重大的政治任务和严肃的学术课题,紧张地投入研究。值此习近平总书记在文化传承发展座谈会上的重要讲话发表一周年之际,我们与浙江古籍出版社合作,共同推出这套"中华文明突出特性阐释丛书"(共五册),作为习近平总书记讲话一周年的献礼。在此,我们要向中国社会科学院科研局给予课题组的研究保障,表示衷心的感谢!向浙江古籍出版社给予的支持帮助,向王旭斌社长领导下编辑团队的辛苦付出,表示衷心的感谢!同时也要感谢研究团队,在研究写作过程中,团队成员多次集中研讨和统稿,积极探索有组织科研新机制,在共同研讨中团结了队伍,凝聚了感情,积累了研究经验,希望团队形成的协同研究模式,可以成为中国哲学学科以及哲学研究所的研究传统,不断得到发扬。

在短时间内完成的五部著作,是充分发挥作者各自学术积累,积极调动既有学术资源的产物。由于写作和修改时间有限,肯定存在很多不当之处。作为项目研究的阶段性成果,我们会在此基础上,不断深化研究,提高认识,争取在不远的将来贡献出更好的作品。

张志强
中国社会科学院哲学研究所
2024 年 5 月 19 日

目 录

绪 论 ……………………………………………………………01

第一章 创新性概论 ……………………………………………05
第一节 什么是创新 ……………………………………… 05
第二节 人的劳动是创新性的源泉 ……………………… 14
第三节 中华民族处于人类创新的前列 ………………… 19
第四节 创新发展的辩证规律 …………………………… 25
第五节 小结 ……………………………………………… 30

第二章 古代中华文明的革故鼎新 ……………………………31
第一节 殷周之变与礼乐文明 …………………………… 33
第二节 东周时期的变革思想 …………………………… 40
第三节 大一统与中华文明的理想 ……………………… 54
第四节 近代变革中的传统资源 ………………………… 60
第五节 小结 ……………………………………………… 63

第三章　近代中国的落后与变革 ················ 68
第一节　近代中国创新能力衰落的原因 ············ 69
第二节　殖民掠夺与西方式的现代化 ·············· 88
第三节　近代中国人变革民族传统的尝试 ·········· 93
第四节　小结 ································· 105

第四章　马克思主义与共产党人的创新 ············ 107
第一节　新民主主义革命的创新实践 ·············· 110
第二节　毛泽东思想的哲学创新 ·················· 129
第三节　中国特色社会主义理论的创新实践 ········ 142
第四节　小结 ································· 146

第五章　新时代马克思主义中国化的创新 ·········· 150
第一节　习近平新时代中国特色社会主义思想的时代必然性 ··· 152
第二节　创新性视野下的"第二个结合" ············ 163
第三节　创新性与其他四个突出特性的关系 ········ 173
第四节　小结 ································· 176

结　语 ··· 179
参考文献 ······································· 185
后　记 ··· 195

绪　论

2023年6月2日，习近平总书记视察中国历史研究院。其间他出席文化传承发展座谈会，并发表了重要讲话。讲话分为三个主要部分：首先，高屋建瓴地指出中华文明具有五个突出特性，分别是突出的连续性、突出的创新性、突出的统一性、突出的包容性、突出的和平性；其次，鞭辟入里地强调了马克思主义中国化，尤其是马克思主义同中华优秀传统文化相结合的伟大意义；最后，循循善诱地向全国哲学社会科学工作者提出了三点要求，分别是"坚定文化自信""秉持开放包容""坚持守正创新"。

关于中华文明突出的创新性，习近平总书记精辟地指出：

> 中华文明是革故鼎新、辉光日新的文明，静水深流

与波澜壮阔交织。连续不是停滞、更不是僵化,而是以创新为支撑的历史进步过程。中华民族始终以"苟日新,日日新,又日新"的精神不断创造自己的物质文明、精神文明和政治文明,在很长的历史时期内作为最繁荣最强大的文明体屹立于世。中华文明的创新性,从根本上决定了中华民族守正不守旧、尊古不复古的进取精神,决定了中华民族不惧新挑战、勇于接受新事物的无畏品格。[1]

这段讲话有三点值得注意:(1)"静水深流与波澜壮阔交织",说明突出的连续性与突出的创新性是一对辩证统一的关系;(2)"连续不是停滞、更不是僵化,而是以创新为支撑的历史进步过程",有力地反驳了流行一时的"中国停滞论",指出中国几千年的历史绝不是所谓的"超稳定结构",而是不断创新的进步过程;(3)"中华民族……在很长的历史时期内作为最繁荣最强大的文明体屹立于世",说明中华民族在历史上曾长期位于世界创新潮流的最前列;(4)"中华民族守正不守旧、尊古不复古的进取精神",说明中华民族的创新性不仅体现为善于创造新的物质文明、精神文明和政治文明,更体现为善于变革自己的历史传统,使自己适合于时代发展的需要。

---

[1] 习近平:《在文化传承发展座谈会上的讲话》,《求是》2023年第17期,第5页。

显然，五个突出特性不是分散割裂的简单拼盘，而是紧密结合的有机整体，其中创新性与连续性的关系尤为紧密。习近平总书记在谈到连续性时指出："中华文明的连续性，从根本上决定了中华民族必然走自己的路。"[1]那么创新性则决定了中华民族走的是一条发展的道路，连续性和创新性的辩证统一决定了中华民族必然会走上独立自主的现代化发展道路。

我们应该如何深入理解中华民族突出的创新性？中华文明的历史如何展现自己的创新性？创新性与马克思主义中国化，尤其与"第二个结合"有什么紧密关系？

本书的主旨就是讨论上面这些问题，具体篇章结构安排如下：

第一章的内容是创新性概论，主要讨论以下问题：（1）什么是创新性？（2）什么是马克思主义理论视野下的创新性？（3）相比较其他人类文明，中华文明突出的创新性体现在哪里？（4）创新性包含了哪些辩证关系？

第二章的内容是古代中华文明的创新变革，主要讨论：（1）创新性是怎样推动中华文明史发展的？（2）中华文明史上产生过哪些伟大的创新变革？对中华民族的发展起到过哪些作用？

---

1 习近平：《在文化传承发展座谈会上的讲话》，《求是》2023年第17期，第5页。

第三章的内容是近代中国的创新尝试，主要讨论：（1）为什么原本善于创新的中华民族在近代落后挨打了？（2）近代中国进步人士对变革中国传统做了哪些有益的尝试？

第四章的内容是中国共产党历史上的创新实践，主要讨论：（1）中国共产党人在哪些地方创新了马克思主义？又在哪些地方创新了中华文明？（2）毛泽东思想和中国特色社会主义理论体系的创新意义分别是什么？

第五章的内容是习近平新时代中国特色社会主义思想的创新意义，主要讨论：（1）为什么说习近平新时代中国特色社会主义思想的诞生是创新性的集中体现？（2）创新性与马克思主义中国化，尤其与"第二个结合"具有怎样紧密的关系？（3）创新性与其他四个突出特性的关系是什么？

综上所述，第一章是对创新性的一般性理论概论，最后一章则是对习近平新时代中国特色社会主义思想的创新性进行理论阐释，中间第二、三、四章讨论中国历史上的创新性。

在本书看来，中华文明具有突出的创新性，马克思主义具有与时俱进的理论品格。中国共产党是两者共同的承载者、担当者。马克思主义中国化就是中华文明与马克思主义相互促进、互相创新的动态过程。习近平新时代中国特色社会主义思想是马克思主义中国化新的飞跃，既是中华文明创新实践的最新成果，又是马克思主义创新实践的最新结晶。

第一章
创新性概论

本书讨论的是中华文明突出的创新性，包括中国式现代化道路的领导者中国共产党的创新性。第一章首先需要明确：什么是创新？本书是如何定义创新的？创新性与中华文明史有什么整体上的关系？

第一节　什么是创新

"创新"之"创"，《说文解字》本写作"刱"，与"创伤"之"创"，原本是不同的两个字。随着时代的发展，"刱"字逐渐被弃用，其字义归并入了"创"。当代标准汉语（普通话）以声调区别两者："创（伤）"读"chuāng"，平声；"创（新）"读"chuàng"，去声。[1]

我们从"刱"字的构成，可以看出它的本义。"刱，造法刱业也。从井，刅声。"（《说文解字·井部》）"刱"字由"井""刅"两部分构成，"井"为意符，"刅"为声符。在古代农耕社会，生产生活需要凿井取水，"刱"以"井"为意符，具有开始劳作的含义。例如《论语·宪问》"为命，裨谌草创之"，将"创"延伸为写作、创作。又如《新唐书·李昭德传》"昭德规创文昌台及定鼎、上东诸门，标置华壮"，则将"创"延伸为建造、营造。但无论"创"字如何延伸，总有开始行动或第一次实践的意思。例如《汉书·叙传下》"叔孙奉常，与时抑扬。税介免胄，礼义是创"，这里的"创"不仅指制订礼义，更有开始实践礼义的意思。

"新"字，由"亲""斤"两部分构成，"斤"指斧头。《说文解字》曰："新，取木也。""新"的本义是砍柴。段玉裁《说文解字注》曰："取木者，新之本义，引申之，为凡始基之称。"[2] 可知今天通行的字义本为引申义，指有别于旧的、不同于以往的。

"创""新"两字合在一起，即指开始实践不同于以往

---

[1] 相关词条，参见中国社会科学院语言研究所编修：《新华字典》第12版，北京：商务印书馆，2020年。

[2] （清）段玉裁：《说文解字注》，上海：上海古籍出版社，1981年，第717页。

的事物。按照《现代汉语词典》的解释,动词"创新"意为"抛开旧的,创造新的";名词"创新"意指"创造性、新意"[1]。"创新"对译英文 innovation,来源于拉丁语 innovare,用于指称开始新事物、开创新方法。其近义词 creation,为开辟、创造(全新事物)之意。

研究创新活动,需要先明确一个根本前提:创新是人类活动,而不是自然现象,是社会历史的产物,而不是自然选择的结果。诚然,任何生物都在努力地适应自然环境,在自然环境中进化自身,那些没有来得及进化自身的生物将遭到大自然的淘汰。但自然的进化与人类的创新是两种截然不同的事物,人类发展规律决不能等同于自然选择规律,原因有三。

第一,人类具有自由意志,而动物没有自由意志。动物只是在被动地适应自然,虽然动物活动也可能改变自然环境,但这种改变是机械的、无意识的。相反,人能够主动地利用自然、改造自然,能够自觉地让大自然服务于自身。这就是马克思、恩格斯所说的"人化自然"。

确实,西方历史上有一些学者和政客将自然选择学说机械地套用到人类社会领域,这就是所谓的"社会达尔文主义"。

---

[1] 相关词条,参见中国社会科学院语言研究所词典编辑室编:《现代汉语词典》第7版,北京:商务印书馆,2016年。

例如英国思想家赫伯特·斯宾塞就一再鼓吹,不受国家干预的完全市场竞争是最好的体制。他曾经激烈地批判英国政府的"济贫法案",认为"绝对地鼓励了轻率、无能的人的繁殖,而由于加重了维持家庭的困难,妨碍了有能力、有远见的人的繁殖"[1]。在他看来,自由市场最大的好处就是淘汰那些无能的人、低下的人,让有能力的人、高贵的人可以不受限制地发挥其才能,整个社会有机体就是在不断地淘汰老弱病残的过程中取得进步。

与之相反,马克思主义虽然歌颂达尔文的伟大发现,但马克思主义从来都旗帜鲜明地反对将达尔文的学说机械照搬到人类社会领域。例如恩格斯便旗帜鲜明地指出:"想把历史的发展和纷繁变化的全部丰富多样的内容一律概括在'生存斗争'这一干瘪而片面的说法中,是极其幼稚的。这等于什么也没有说。""要把这些学说从自然界的历史中再搬回到社会的历史中去,那是很容易的;如果断言这样一来便证明这些论断是社会的永恒的自然规律,那就过于天真了。"[2]在马克思主义看来,社会达尔文主义鼓吹的放任市场非但不能实现社会和谐发展这一结果,反而造成了无法调和的阶级

---

[1] (英)赫伯特·斯宾塞:《社会静力学》,张雄武译,北京:商务印书馆,1996年,第145页。
[2] (德)恩格斯:《自然辩证法》,《马克思恩格斯文集》第9卷,北京:人民出版社,2009年,第548页。

矛盾。总之，自然规律只是人类用来改造自然的工具，绝不能简单套用到人类社会自身。

第二，人有自我意识，而动物没有自我意识。自我意识指的是人认识自身、理解自身的能力。只有人类才能认识自身，才能思考"我是谁""我们是谁"，动物不具备这种能力。自我意识不是唯我主义或利己主义，自我意识往往表现为人的社会意识、群体意识。

"力不若牛，走不若马，而牛马为用，何也？曰：人能群，彼不能群也。"（《荀子·王制》）人的根本属性是社会性，尽管某些动物具备群居属性，但只有人才能建立社会组织，制定法律规范。人的社会性又往往表现为国家性、民族性。近代大思想家章太炎就在荀子"群学"的基础上指出："今夫血气心知之类，惟人能合群。群之大者，在建国家、辨种族。其条例所系，曰言语、风俗、历史。三者丧一，其萌不植。"[1] 正是由于社会性、民族性，人才能拥有语言、风俗和历史，人类才具有历史性。

第三，自然界的斗争是自我持存式的斗争，是你死我活的斗争，每个动物都在为了保全自己而尽可能地吃掉对方或不让对方吃掉。人类社会的发展则不只有自我持存式的斗争，

---

1 章太炎：《訄书·哀焚书》（重订本），朱维铮校点：《章太炎全集》第 3 册，上海：上海人民出版社，1984 年，第 323—324 页。

还有承认的斗争。人不仅为了生存而斗争，更为了尊严、为了获得他人或其他民族的承认而斗争。人也不仅在寻求斗争，还在寻求合作互助。

总之，自然生物的演化完全是以物质为导向、以生命延续和种类繁衍为导向的。生存和生殖几乎是动物行为的全部目的。人则不然，人有精神追求，有价值关怀，人类行为超越于生存和生殖的动物本能。

总有一些人鼓吹抽象的"人性论"，在他们眼里，仿佛人只有为了吃喝拉撒、只有为了性需求，才是真实的。一切伟大高尚的事物、一切自我牺牲的事迹，到了他们嘴里，要么是虚假的，要么是出于功利算计的。这些人的实质是混淆了人性和动物性的区别，他们错误地把动物性当作了人性，而忽视了人性的根本不是动物需求或自然欲望，而是社会性、历史性。

除了人以外的其他动物，其生命的唯一目的就是繁衍后代并接受死亡，它们只是在完成一轮又一轮的机械循环。人则不同，人的生命意义恰恰在于推动社会向前发展。与自然演化判然有别，人类创造活动是历史性的。我们只有在人类历史的发展过程中，才能准确地定义创新性。

接下来的问题是，如何才能在人类历史发展过程中理解创新？研究创新活动需要考察哪些方面？

1912年，奥地利经济学家约瑟夫·熊彼特（后加入美国籍）在成名作《经济发展理论——对于利润、资本、信贷、利息和经济周期的考察》中，首次将"创新"升格为经济学概念，并提出了一整套推动经济发展的创新理论。[1] 1942年，熊彼特出版《资本主义、社会主义与民主》，在经济学的基础上，将"创新"进一步升级为社会发展概念，提出"创造性毁灭"的命题，深刻影响学术界。[2]

自此以后，"创新"成了一个独立的研究领域，产生了"创新学"这样的学科门类。有当代创新学著作将"创新"的特性概括为新颖性、未来性、创造性、变革性、价值性、先进性、时间性、层次性八个方面。[3] 这些特性符合本书对"创新"的定义。

科学的"创新"概念需要区分创新主体、创新客体、创新的主观方面、创新的客观方面四个构成要件。

第一，"创新活动的主体是人，是人们自觉的、有意识的活动过程"[4]。大自然无时无刻不在变动演化，自达尔文《物

---

[1] 参见（美）约瑟夫·熊彼特：《经济发展理论——对于利润、资本、信贷、利息和经济周期的考察》第2章第2、3节，何畏、易家详等译，张培刚、易梦虹、杨敬年校，北京：商务印书馆，1990年。

[2] 参见（美）约瑟夫·熊彼特：《资本主义、社会主义与民主》第7章，吴良健译，北京：商务印书馆，1999年。

[3] 姚东明、何春生：《创新学基础》，上海：上海科学技术出版社，2007年，第2—3页。

[4] 刘昌明、赵传栋：《创新学教程》，上海：复旦大学出版社，2006年，第2页。

种起源》问世以来，人们已经逐渐认识到，生物有机体总是在适应自然环境的过程中进化自身。然而自然界的演化运动不符合创新概念的指称对象，创新只能适用于人，而不是物。

第二，创新的客体，即创新活动的对象，大体可以分为三类：（1）自然事物或现象，一般发生在自然科学研究或物质资料生产过程之中；（2）社会关系和法律制度，一般发生在社会科学研究或社会组织运行过程之中；（3）道德伦理、精神生活和价值追求，一般发生在人文科学研究或精神文明实践过程之中。

第三，创新的主观方面，即指导创新实践的思维方式，包括理论学说和工作方法。创新活动是人有意识的、自觉的活动，因此我们研究创新时，不能不思考人的主观意识方面。确实，有许多创新成果是在不经意间产生的，创新者起初并没有预期到该结果的发生，然而这丝毫不能说明他完全是被动的、无意识的，只能说事情的结果超出了他原先的意识范围。在这种情况下，创新者的主观意识同样是值得研究的方面，因为不论结果如何，都以创新者有意识的活动为前提。

第四，创新的客观方面，即创新活动所发生的外部环境。马克思指出："人们自己创造自己的历史，但是他们并不是随心所欲地创造，并不是在他们自己选定的条件下创造，而是在直接碰到的、既定的、从过去承继下来的条件下创造。"[1] 任何创新活动都不可能离开它的外部环境或客观条件，人只能在现实基础上创新，而不可能凭空生造出某个新事物。

举凡科学的创新研究都必须涉及上述四个方面，本书也不例外。然而，与狭义上的创新学有所不同，本书所说的"创新"并不是一个经济学或管理学概念，而是历史哲学或历史理论概念；不是指经济生产过程中的技术革新或企业家管理生产要素的方法革新，而是指人类历史发展的宏观变革，以及政治制度、社会组织和思想文化上的整体进步。

其一，在本书当中，创新主体不是具体的个人，而是指一般性人类活动以及全体中华民族的实践过程。本书讨论的是中华文明史意义上的伟大变革，讨论的是中华民族的创新实践，并对比其他文明或其他民族的创新活动。

其二，本书涉及的创新客体不是具体的某个自然、社会或精神对象，而是指一般性的人化自然以及中华民族既往的宏观历史传统。毫无疑问，中华民族不仅善于改造和利用自然，更善于革故鼎新，在不断变革自身传统的过程中发展壮大，自身的传统也是中华民族的创新对象。

其三，在本书看来，创新的主观方面不是具体的某个理

---

[1] （德）马克思：《路易·波拿巴的雾月十八日》，《马克思恩格斯文集》第2卷，北京：人民出版社，2009年，第470页。

论方法，而是宏观社会思潮以及深刻影响社会整体变革的经典理论学说。这些社会思潮和经典理论既包括中国历史上的各种变革思潮，也包括马克思主义的科学理论。

其四，根据本书，创新的客观方面不是具体的某项新技术或新方法的产生环境，而是中华民族历次变革时所处的客观历史环境。中华民族总是在严峻的挑战面前变革自己、涅槃重生，这些严峻的挑战和可资利用的传统资源都构成了中华民族创新活动的客观方面。

总而言之，人的社会历史性是创新实践的基本前提。创新之为创新，根本在于其能够推动社会发展、历史进步。具有创新性的民族是引领人类历史发展的民族，中华文明具有突出的创新性，意味着中华民族长期走在人类历史的前列。

第二节 人的劳动是创新性的源泉

前文已经说明，人不同于其他动物，人具有利用自然、改造自然的主观意识。其他一切动物都受自然的必然规律约束，只有人才能主动利用自然规律，摆脱自然强加给动物的那种必然性。因此人之为人，起源于人对自然的对象性活动，起源于"人化自然"的实践活动。在马克思主义看来，"人化自然"的根本在于人的劳动。

什么是劳动？劳动首先是人自觉地利用工具改造自然的生产活动。许多高等动物，尤其是灵长类动物，也会简单地利用工具，但这不属于劳动，因为动物不会自觉地、有意识地使用工具。在马克思主义看来，劳动包括三个方面：

其一，劳动是人对自然的对象性活动，人通过劳动把自然对象化。恩格斯指出，劳动丰富了人的肉食，"肉食引起了两个新的有决定意义的进步，即火的使用和动物的驯养"[1]。火是自然现象，动物是自然事物，但在人的双手之下，它们统统变成了人的工具。

其二，也是更重要的一点，劳动不仅改造了自然，更改造了人自身。人通过劳动，"手变得自由了，并能不断掌握新的技能，而由此获得的更大的灵活性便遗传下来，并且一代一代地增加着。所以，手不仅是劳动的器官，它还是劳动的产物"[2]。须知人的生命有机体不是各个器官的简单相加，而是一个密不可分的整体，其中一个部分的改变必然带动整体的改变。

---

[1]（德）恩格斯：《自然辩证法》，《马克思恩格斯文集》第9卷，北京：人民出版社，2009年，第556页。

[2] 同1，第552页。

双手的解放带动了人脑的发达,"猿脑就逐渐地过渡到人脑;后者和前者虽然十分相似,但是要大得多和完善得多。随着脑的进一步的发育,脑的最密切的工具,即感觉器官,也进一步发育起来"[1]。与大脑进化密切相关的是人的喉咙和听力的进化,这是更具有决定意义的一步,因为这关乎语言的产生。

其三,也是最重要的一点,劳动形成了社会分工和社会组织,使人最终超越了自然界。马克思、恩格斯指出:"语言是一种实践的、既为别人存在因而也为我自身而存在的、现实的意识。语言也和意识一样,只是由于需要,由于和他人交往的迫切需要才产生的。"[2]语言产生于人的交往,劳动则为人的交往创造了条件。因此,"语言是从劳动中并和劳动一起产生出来的,这个解释是唯一正确的"[3]。

语言之所以至关重要,因为它是社会形成的基本前提。恩格斯在谈及"劳动创造人本身"时,明确指出:"由于随着完全形成的人的出现又增添了新的因素——社会,这种发展一方面便获得了强有力的推动力,另一方面又获得了更加

---

[1] (德)恩格斯:《自然辩证法》,《马克思恩格斯文集》第9卷,北京:人民出版社,2009年,第554页。

[2] (德)马克思,恩格斯:《德意志意识形态》,《马克思恩格斯文集》第1卷,北京:人民出版社,2009年,第533页。

[3] 同1,第553页。

确定的方向。"[1] 社会性是人的根本属性,是人超越于自然界的本质所在,是"完全形成的人"的基本标识。从社会产生的那一刻起,人就告别了一般意义上的动物界,而真正成为人。因此,劳动不同于一般的动物生存活动,其实质是人的社会性:

> 一句话,动物仅仅利用外部自然界,简单地通过自身的存在在自然界中引起变化;而人则通过他所作出的改变来使自然界为自己的目的服务,来支配自然界。这便是人同其他动物的最终的本质的差别,而造成这一差别的又是劳动。[2]

一言以蔽之,劳动不仅是人对物的作用,更是对人与人关系的作用。我们只有在人与人的社会关系之中,才能准确地把握劳动。

由劳动创造的社会关系,其本质就是社会分工。劳动是具体的,而不是抽象的,这表现为只存在社会分工内的劳动,不存在超越于社会分工的劳动,劳动总是一定社会分工之下的劳动。历史唯物主义告诉我们:

---

[1] (德)恩格斯:《自然辩证法》,《马克思恩格斯文集》第9卷,北京:人民出版社,2009年,第554页。

[2] 同1,第559页。

> 一个民族内部的分工,首先引起工商业劳动同农业劳动的分离,从而也引起城乡的分离和城乡利益的对立。分工的进一步发展导致商业劳动同工业劳动的分离。同时,由于这些不同部门内部的分工,共同从事某种劳动的个人之间又形成不同的分工。这种种分工的相互关系取决于农业劳动、工业劳动和商业劳动的经营方式(父权制、奴隶制、等级、阶级)。在交往比较发达的条件下,同样的情况也会在各民族间的相互关系中出现。[1]

创新活动根植于社会分工,因为只有在社会分工的情况下,一项发明、一项改革,才有可能取得社会效应,才有可能推动社会进步。自觉的、有组织的创新活动,则只能产生于分工比较发达,工商业劳动与农业劳动相分离,体力劳动与脑力劳动相分离的社会。在这种社会状况下,文字使用已经成熟,人们具备了保存部分创新成果的基本手段。

通过上面的分析,我们不难得出结论,因为劳动创造了社会分工,创新活动则是社会分工的产物,所以人的劳动是创新实践的源泉。创新实践则扩展了劳动的内涵和外延,它使劳动不再只是简单重复的体力活动,使劳动成果不再只是

---

[1] (德)马克思、恩格斯:《德意志意识形态》,《马克思恩格斯文集》第1卷,北京:人民出版社,2009年,第520页。

量的累积,而是质的飞跃。一项创新活动无论发生在物质生产领域、社会组织领域,还是精神生活领域,都是生产力进步的表现。

第三节 中华民族处于人类创新的前列

随着双手的解放、大脑的进化和语言交流的形成,人类逐渐学会了驯养牲畜,并脱离了蒙昧时代,迈入了野蛮时代。畜牧业的产生是人类生产力的第一次大发展,"游牧部落从其余的野蛮人群中分离出来——这是第一次社会大分工"[1]。人类因此拥有了更多的肉制品、乳制品和皮毛制品,这些生活用品不仅能够提供人们日常所需,还有所剩余,商品交换遂成为可能。

随着商品交换的进行,不同部落族群之间的交往日趋频繁,战争冲突也逐步增加。恩格斯指出:

---

[1] (德)恩格斯:《家庭、私有制和国家的起源》,北京:人民出版社,2018年,第178页。

战争提供了新的劳动力：俘虏变成了奴隶。第一次社会大分工，在使劳动生产率提高，从而使财富增加并且使生产领域扩大的同时，在既定的总的历史条件下，必然地带来了奴隶制。从第一次社会大分工中，也就产生了第一次社会大分裂，分裂为两个阶级：主人和奴隶、剥削者和被剥削者。[1]

在人类社会的野蛮时代，奴隶的产生意味着社会生产力的提高，人们因此拥有充足的劳动力从事农业和手工业。在这个过程中，工具得到了改良，青铜器、铁器先后得到应用，代替了石器，剩余劳动产品越来越丰富，商品交换也逐步扩大。

财富在迅速增加，但这是个人的财富；织布业、金属加工业以及其他一切彼此日益分离的手工业，显示出生产的日益多样化和生产技术的日益改进；农业现在除了提供谷物、豆科植物和水果以外，也提供植物油和葡萄酒，这些东西人们已经学会了制造。如此多样的活动，已经不能由同一个人来进行了；于是发生了第二次大分

---

1 （德）恩格斯：《家庭、私有制和国家的起源》，北京：人民出版社，2018年，第179—180页。

工：手工业和农业分离了。[1]

如果说在第一次社会大分工时期，商品交换还是零星的、偶然的，那么第二次社会大分工时期，商品交换就成了常态，"便出现了直接以交换为目的的生产，即商品生产"[2]，贵金属货币逐步登上了历史舞台。

随着商品生产的进行，人类社会迎来了第三次大分工，"它创造了一个不再从事生产而只从事产品交换的阶级——商人"[3]。过去的阶级分化，还只停留在生产者之间——那些更聪明、更身强力壮的生产者，能够凭借劳动获得更多的剩余产品，因而占据了氏族公社中的更高等级。随着商人作为独立社会阶级的产生，"这里首次出现一个阶级，它根本不参与生产，但完全夺取了生产的领导权，并在经济上使生产者服从自己"[4]。财富和阶级的分化加速了，氏族公社解体了，人类社会迈过野蛮时代，进入了文明时代，国家和法律产生了。

显然，商品生产的出现，把原本分散的农牧业、手工业

---

[1] （德）恩格斯：《家庭、私有制和国家的起源》，北京：人民出版社，2018年，第181—182页。

[2] 同1，第182页。

[3] 同1，第184页。

[4] 同1，第184页。

劳动串联起来，某个领域的新发明、新技术才可能具有社会效应，才可能带动社会生产力的整体进步。过去的人类创新活动只是分散的、零星的、不自觉的，但到了这一步，人类创新活动具有了组织性、社会性。我们完全可以说，创新活动诞生于人类社会伊始，而有组织的创新活动则始于人类文明史的开端。

如果我们把有文字记载作为人类进入文明时代的标识，那么世界文明史至少已经存在了五千五百年。在这五千五百多年时间里，各个民族、各种文明相继登场，但只有具备旺盛创新能力的民族或文明，才能在世界历史的大舞台上脱颖而出，赢得竞争。

纵观整部世界古代史，中华民族不仅与古埃及、古苏美尔、古哈拉帕一道建立了人类最早的文明，更在绝大多数时间内处于人类创新潮流的前列。古代中华文明始终保持突出创新性的主要原因有两个：一是中华文明具有突出的连续性；二是中华文明的实践者具有旺盛的创造力。

第一，中华文明是唯一以国家形态延续至今的古老文明。

习近平总书记指出："中华文明是世界上唯一绵延不断且以国家形态发展至今的伟大文明。"[1] 理解这句话需要注意

---

1 习近平：《在文化传承发展座谈会上的讲话》，《求是》2023年第17期，第5页。

两个前提：

（1）中华文明是原生文明。

与中华文明一样，古埃及文明、古苏美尔文明、玛雅文明、印加文明都是原生文明，然而这些文明早已消失在历史长河之中。

除了中华文明以外，还有其他古老文明以不同的方式延续下来或影响至今，例如古希腊罗马文明、古波斯文明、印度教文明、犹太教文明，今天我们还能清晰地看见这些文明的影响力，然而它们都是次生文明。

（2）中华文明始终具备完整的国家形态。

除中华文明以外，还有其他影响至今的古代文明。例如古希腊罗马文明、古波斯文明，其国家早已灭亡千年，它们的连续性只是通过历史文献的方式影响后世的思想文化。从这个意义上来讲，它们只能算有连续性的文化影响力，而达不到文明延续性的高度。

又如印度教文明、犹太教文明，虽然它们有明确的连续性，而且今天仍然作为国家形态呈现在世界舞台之上，但印度教文明、犹太教文明的国家形态是经历过长期中断的。印度教文明本身就是外来雅利安人与土著人结合而来的次生文明，历史上更长期受到其他文明的统治。例如1526年，信奉伊斯兰教的蒙古后裔巴卑尔在印度建立莫卧儿帝国，其国家形态并不属于印度教文明。犹太教文明就更不遑赘述了。

毫不夸张地说,影响至今的古老文明并不少,但迄今仍有文明连续性的古老文明则少之又少,而以国家形态延续至今的古老文明只有中华文明,更何况中华文明还是原生文明。

中华文明突出的连续性是中华民族能够长期站在人类创新潮流前列的基本前提。倘若没有连续性,又怎么始终保持创新状态呢?

第二,古代中国人民具有旺盛的创造力,是中华文明创新性的源泉。

前文已经论证,人的劳动是创新性的源泉。提炼创新思路、记录创新过程或推导创新成果的人可能是官僚、士大夫,可能是那些不治生产的人,但创新实践的真正思想源泉、创新成果的真正应用推广,一定是劳动人民。劳动人民是历史的创造者,理所应当是人类创新实践最根本的主体。关于这一点,著名历史学家张舜徽先生论述甚详,他在巨著《中华人民通史》中明确指出:

> 劳动人民在生产实践中取得了丰富的知识;经过口头或文字的传述,被知识分子们接收了,也便能间接地来理解事物,并在原有基础上加以推演发展与提高。尽管后世学者们如何精益求精,将那些朴素的理论变成高

深的科学，但是归根到底，一切知识的来源，仍然是直接生产者在长期劳动中创造出来的。[1]

中华文明具有突出的创新性，其根本原因是中国劳动人民具有无比旺盛的创造力。张舜徽先生在全书的第三部分"创造编"中详细论述了中国古代劳动人民在农业手工业生产、饮食内容、生活资料、改造自然环境、医疗保健、语言文字、文学艺术等各个领域的创新成就。本书就不再重复论述了。

第四节　创新发展的辩证规律

通过上面的分析，我们可以总结出有关创新实践的两对辩证关系，下文分别论述。

一、目标的完满性与现状的不完满

创新的目的是发展，发展是创新的归宿。完美的东西不

1　张舜徽：《中华人民通史》上册，武汉：华中师范大学出版社，2008年，第510页。

存在创新发展的可能性和必要性，创新必然意味着现状的不完善、不完美。同时，创新又是走向完善完美的运动发展过程，没有崇高的理想目标和正确的道路方向，就不能保证事物是在创新而不是衰退。如果说连续性和创新性是构成中华文明突出特性的一对辩证关系，那么创新性内部，也有两对辩证关系值得我们重视——目标的完满性与现状的不完满就是创新性的第一对辩证关系。

美国著名政治学家塞缪尔·亨廷顿曾深刻地指出，美国政治中有一挥之不去的根本矛盾，即长期存在着激情信条与现存权威之间的冲突。美国是一个由清教徒建立的国家，美国革命具有浓厚的清教革命色彩，这决定了美国的政治文化拥有理想主义、道德主义的基因，决定了美国文化精英往往追求政治上的完美主义。然而现实总是不完美的，这些理想主义激情信条随时都有可能演变为政治狂热，挑战美国的政治权威与法律秩序。

亨廷顿曾提及一段真实的往事：1969年，参与哈佛大学激进学生运动的梅尔登·莱文在接受警方和学校的质询时，曾理直气壮地回答："我们所要做的不是密谋毁掉美国，而是恰恰相反：我们是为了坚持你们一直灌输给我们、教育我们遵从的那些理念。"[1]美国的立国理念反而成了美国秩序的反对力量,如何看待这一悖论呢?

亨廷顿意识到,他们无论如何都不能放任理想主义激情信条,否则美国将失去起码的政治秩序,而陷入无政府主义状态。但反过来,美国也不可能放弃这些理想主义激情信条,因为它是美国的立国之本。"除去自由民主理想,除去为实现自由民主理想而付出的努力,美国就变成了没有存在意义、没有集体认同、没有政治文化甚至没有自己历史的国家。"在亨廷顿看来,平衡好理想与现实之间的张力,不以一方消灭另一方,才是唯一可行的办法。正如他所说:"试图缩小制度与理想之间的差距,但是接受人类本性不完美的事实,这意味着鸿沟将永远无法被消灭。"[2]

亨廷顿的观点对于我们而言,不啻为他山之石。中国的政治文化同样是理想主义的,而且比美国更加深厚。中华文明两千多年的历史以儒家价值为正统,中国共产党人更以共产主义为最高理想,以天下大同为最高己任。放弃这些崇高的理想追求,中国将失去自己的历史传统,将失去自己的集体认同,将会陷入虚无主义的泥潭。反之,历史的教训也提醒我们,不顾理想与现实的张力,单纯地以崇高理想否定现

---

1 (美)塞缪尔·亨廷顿:《美国政治:激荡于理想与现实之间》,先萌奇、景伟明译,北京:新华出版社,2017年,第4—5页。

2 同1,第413—415页。

实条件,就会陷入道德狂热,走上"左"倾的错误路线。

中国共产党人相信,"前途是光明的,道路是曲折的"。光明的前途来自理想追求的高尚性和路线方向的正确性,曲折的道路则来自现实条件的不完满性。共产主义和天下大同始终是中国人民的奋斗目标,但共产主义和天下大同绝不是一蹴而就、一步到位的,而是长期历史发展的必然归宿。历史一再证明,中国革命和建设的成功得益于中国共产党人能够平衡好光明前途与曲折道路的对立统一关系。

中华文明突出的创新性就充分蕴含并体现了类似理想与现实的辩证关系。如果说中华文明的连续性决定了我们只能走自己的路,那么创新性则决定了我们始终都在路上。这条道路来自中华民族的古老传统,去往中华民族的现代新生,并最终到达共产主义、天下大同的崇高目标。因此,古老传统与现代新生的关系就是中华文明创新性所蕴含的第二对、也是更根本的辩证关系。

二、古老传统与现代新生

把握传统与现代的辩证关系,必先明白:一方面,传统不等于现代,传统也不能自动走上现代的道路,否则党就没有理由领导人民进行新民主主义革命和社会主义改造，中国人民就不需要推翻三座大山的压迫；另一方面，现代又不能与传统截然割裂。每一个成熟的民族，每一种成熟的文明，都不可避免地处在历史传统当中，都不可避免地受传统的影响，都不可避免地会以优秀的传统为资源而变革当下。

传统和现代始终是辩证的关系，现代扬弃了传统。扬弃就是辩证否定，就是既批判又吸收。一方面，中国拥有与西方截然不同的文明传统，中国的现代化道路始终在吸收优秀的传统资源，这决定了中国人民的现代化道路必然不同于西方。另一方面，中国共产党是世界上最进步、最现代的政党组织，她从诞生的那一刻起就以变革中国社会、推动人类历史进步为己任，这决定了中国人民的现代化道路必然不是复古保守的道路。

中国式现代化道路是中华文明创新性的历史延续，而中华文明自古以来就在革命与改革过程中蓬勃发展。文明不是静止之物，而是体现为运动发展的过程。只有在历史变革的过程中，才能充分把握中华文明的精神实质。

第五节　小结

本章的主要内容可以分为三个部分：

第一，创新是人类实践活动，包括人对自然物质的改造、人对社会关系的改造和人对思想精神的改造。在本书中，创新还指中华民族对自身历史传统的革故鼎新。

第二，纵观整部世界古代文明史，各大文明交相辉映、各领风骚，但中华文明引领人类创新潮流的时间最长、成果最丰富，因为创新性以连续性为前提，中华文明的连续性最完整、最突出。

第三，中国劳动人民是创新实践的主体。中华民族之所以长期处于世界创新潮流的前列，除了中华文明突出的连续性以外，也在于中华民族善于变革本民族的历史文化传统，善于打破成规，使本民族的文化顺应时代的发展。

因此，本书下一章将具体讨论中华文明的历史变革，从中华文明的历史变革中进一步彰显其突出的创新性。

第二章
古代中华文明的革故鼎新

长期以来，中国社会停滞论、僵化论在国际国内都很有市场。比如18世纪后期，德国浪漫主义思想家赫尔德就曾丧心病狂地诋毁中国："拿欧洲人的标准来衡量，这个民族在科学上建树甚微。几千年来，他们始终停滞不前。我们能不对此感到惊讶吗？就连他们那些谈论道德和法令的书本也总是变着法儿，反反复复、详详细细地在同一个话题上兜圈子，千篇一律地吹捧那种孩童的义务。"[1]

东方停滞论影响到20世纪，成为美国冷战意识形态的重要组成部分。例如魏特夫就把除日本以外的一切亚洲社会都称为"治水专制国家"，在他看来，无论亚洲社会的内部形态再怎么千差万别，都有一个共通之处，即亚洲没有自发的市民社会，包括水利灌溉在内的一切社会工程都必须依赖

---

[1] （德）约翰·赫尔德：《中国》，陈爱政等译，载（德）夏瑞春编：《德国思想家论中国》，南京：江苏人民出版社，1995年，第89页。

专制权力。治水专制造成了亚洲几千年来没有任何变化,"东方人民在什么影响下和以怎样的方式才能摆脱他们维持几千年的治水社会的情况呢?……看来,没有外界的援助,治水社会在任何地方都未能取得类似的进展"。在魏特夫等美国冷战意识形态专家看来,中国之所以接受共产主义,恰恰是因为共产主义非常符合中国几千年来僵化落后的治水专制社会,即便是那些非共产党领导的亚洲国家,"都受到了一种半共产主义的或隐蔽的共产主义的意识形态的影响"[1]。

对此,习近平总书记指出:"连续不是停滞、更不是僵化,而是以创新为支撑的历史进步过程。"[2] 中华民族的历史不仅是绵延连续的历史,更是变革创新的历史。中华民族不是自出生起就始终如此的,中华民族经历了多次伟大的革故鼎新,其自我变革较之西方历史更加频繁。

众所周知,从地理大发现、宗教改革到启蒙运动、法国大革命,这三百多年是西方历史上最激荡的变革时代。在这短短三百多年内,西方文明迅速从中世纪飞跃到近现代。相比欧洲,中华民族更加具有激烈变革的历史经验,类似的激烈变革在中国历史上有过多次。这里以其中三次变革为例:第一次是殷周之变,第二次是周秦之变,第三次则是近现代

---

[1] (美)卡尔·A.魏特夫:《东方专制主义》,徐式谷等译,北京:中国社会科学出版社,1989年,第20、473页。

[2] 习近平:《在文化传承发展座谈会上的讲话》,《求是》2023年第17期,第5页。

史上的新旧民主主义革命和社会主义革命。

第一次变革使中华文明的精神根基走向成熟,第二次变革使中华文明坚固的统一体最终形成,第三次变革则让中华文明焕发出现代的青春力量。从某种程度上来讲,中国式现代化道路既体现了共产党人"把马克思主义基本原理同中国具体实际相结合、同中华优秀传统文化相结合"的马克思主义中国化实践成果,又是中华民族前两次伟大变革的继承发展。本章主要论述前两次伟大变革,第三次伟大变革主要留待下一章再具体讨论。

第一节　殷周之变与礼乐文明

大约在公元前 11 世纪中叶,周武王姬发率领周与各路诸侯的联军起兵讨伐商纣王帝辛,并最终击败了商朝,建立了周天子的统治。这是中国历史上著名的殷周之变。它对于古老中华文明具有奠基的作用。

中华民族是历史形成的概念,是历史进程的必然产物。她起源于上古中原文明和关中文明,后来吸收了东夷文明和南方楚文明，再后来吸收了北方和西域族群。殷周之变首先就在于它是上古关中文明与中原文明的重要交锋和交融，它不只是简单的朝代更替，而是稳固了中华民族的主轴，夯实了中华民族的基本格局和内涵。在殷周之变中，中华民族独特的哲学思维和政治伦理走向成熟，它使得中华民族在上古时期就建立了高度的政治理性。

王国维先生有言："中国政治与文化之变革，莫剧于殷、周之际。都邑者，政治与文化之标征也。自上古以来，帝王之都皆在东方……故自五帝以来，政治文物所自出之都邑，皆在东方。惟周独崛起西土。"[1] 虞、夏、商几代都起源于河南中原地区，唯独周代起源于陕西关中地区，王国维所说的朝代都邑从东方转移为西土，本质上就是中原、关中两大文明交锋融合的表现。

从政治社会制度上看，王国维把殷周之变概括为三个主要内容：（1）"立子立嫡"之制，以及由此而生的宗法及丧服之制；（2）庙数之制；（3）同姓不婚之制。这些礼法制度大多被后世继承和改造，延续了三千多年，构成了古代中华文化的基础。

这些变革针对的是上古中原文明的残酷宗教习俗。古书

---

[1] 王国维：《殷周制度论》，彭林整理：《观堂集林》（外二种），石家庄：河北教育出版社，2001年，第287页。

记载,"夏道尊命""殷人尊神""周人尊礼尚施"(《礼记·表记》);"夏之政忠""殷人承之以敬""周人承之以文"(《史记·高祖本纪》)。其中,命与神、忠与敬的内涵是接近的,夏商两代都起源于中原地区,宗教习俗相差不远。但周人之尊礼尚文就与命神、忠敬具有很大的不同了。用王国维的话说:"以地理言之,则虞、夏、商皆居东土,周独起于西方,故夏、商二代文化略同。"[1]

用今天的术语说,上古中原文化具有浓厚的宗教命定论色彩,夏商先民的天命观是高度宗教化、神秘化的。例如盘庚迁殷,号称"天其永我命于兹新邑"(《尚书·盘庚上》)。纣王无道,尚且自信"我生不有命在天?"(《尚书·西伯戡黎》)在上古中原人看来,殷商之能享国是因为上天特别的青睐,是上天授命于殷商的结果,也是殷商祖先庇护的结果。

为了始终得到祖先的庇护和上天的青睐,殷商始终奉行着严格的族内婚制,严禁与外族通婚。唯其如此,才能保证殷商统治者血统的纯洁性,祖先是不会庇护外族人的。为了取悦上天和祖先,商人推行烦琐复杂、规模浩大的祭祀活动,其最重要的祭品竟然是活人!

20世纪20—30年代,河南安阳殷墟就出土了大量相关

---

[1] 王国维:《殷周制度论》,彭林整理:《观堂集林》(外二种),石家庄:河北教育出版社,2001年,第288页。

文物，殷商残酷的人牲人祭以直观的方式呈现在了世人面前。史学家傅斯年曾对此感叹道："年来殷墟发掘团在清理历代翻毁之殷商墓葬群中所得最深刻之印象，为其杀人殉葬或祭祀之多。如此大规模之人殉，诚非始料所及。"[1]

仅仅根据现存的甲骨卜辞记录，从盘庚迁殷到帝辛亡国，商代就使用人祭多达13052人，另外还有1145条卜辞未记载人数，就算每一条都按一人计算，人祭人牲也高达14197人！[2] 现存的考古发现就呈现出了这样的规模，历史上的真实数字恐怕不止十倍百倍于此！

商代的牲人主要来自周边异族的俘虏和贡献。有学者指出："商代统治者需要让一部分战俘参加劳动，成为生产奴隶，但对于那些不驯服的战俘被用作人牲的可能极大，祭祀时去其头领，使无法反抗于地下，这也是完全可以理解的。"[3] 根据科学检测，祭祀坑中被砍去头颅的牲人都是年龄在15—35岁的青壮年男性。除此之外，还有大量没有被砍头的妇女、儿童被用于祭祀。原来史书上记载的醢刑（剁成肉酱）、脯刑（被制成肉干）、炮烙之刑等残酷暴行都是真实的，并且

---

1 傅斯年：《性命古训辨证》，欧阳哲生主编：《傅斯年全集》第2卷，长沙：湖南教育出版社，2000年，第587页。
2 胡厚宣：《中国奴隶社会的人殉和人祭》（下篇），《文物》1974年第8期，第57页。
3 刘兴林：《浅议商代社会的奴隶——兼谈殉人和人牲的社会身份》，《齐鲁学刊》1990年第4期，第84页。

它不只是商纣王个人所为,而是商代的普遍现象。

商人就是通过这种神秘的宗教化方式维持着自己的宗教习俗,并保持着他们对周边部落的血腥统治和残酷威慑。"命""神""忠""敬"等区区几个字,原来包含着如此沉重的历史。

只有了解上古中原古老巫觋宗教特性,我们才能真正理解殷周之变对于中华文明政治理性的巨大推动作用。在其他部族的支持下,周武王取得了翦商战争的最终胜利。遗憾的是,胜利的周武王也学起了商人的模样,进行了大规模人牲人祭,只不过当初施行人牲者,如今成了人牲的对象。这正如古书记载:"癸丑,荐殷俘王士百人。"又:"武王乃夹于南门,用俘,皆施佩衣,衣先馘入。"[1](《逸周书·世俘解》)

克殷仅仅三年后,周武王就染病驾崩。周成王年幼,周公旦摄政。在此期间,周公制礼作乐,移风易俗,逐步改变了上古中原野蛮的宗教习俗,取缔了残酷的人牲制度。为了推行变革,周公重新解释了当初商人代夏的原因,其中还提到了"民主"二字。他这样说道:

> 有夏诞厥逸,不肯戚言于民,乃大淫昏,不克终日劝于帝之迪,乃尔攸闻。厥图帝之命,不克开于民之丽,

---

[1] 本句也有学者标点为:"武王乃夹于南门用俘,皆施佩,衣衣,先馘入。"

乃大降罚，崇乱有夏。因甲于内乱，不克灵承于旅。罔丕惟进之恭，洪舒于民。亦惟有夏之民叨懫日钦，劓割夏邑。天惟时求民主，乃大降显休命于成汤，刑殄有夏。惟天不畀纯，乃惟以尔多方之义民不克永于多享。惟夏之恭多士大不克明保享于民，乃胥惟虐于民，至于百为，大不克开。乃惟成汤克以尔多方简，代夏作民主。（《尚书·多方》）

姑且用简单的白话文概括上述古奥文字的基本内容：上天指示夏桀保境安民，但夏桀只知道贪图享乐，大行淫乱，不肯体恤问候人民，亦不曾有一天遵循上天的教诲。因此上天授命成汤消灭夏桀，成为人民的君主。

这是中国历史文献中第一次出现"民主"的表述。此处的"民主"意为"人民之主"，而非"人民做主"，当然跟今天的民主相去不可以道里计。但周公的话开创了中国政治文化尊重人心人性的理性传统。从此以后，"天"在中国政治哲学语境中就不再是那种神秘主宰的超验力量，而变成了稳定的自然法则。《大雅》有云，"侯服于周，天命靡常""宜鉴于殷，骏命不易"（《诗经·大雅·文王》）。在周人看来，天命不会特别青睐某族的统治者，如果统治者残暴不仁，天命就会弃他而去。

总之,"天"从神秘的超验主宰变成了理性的自然法则,这是中国历史上一次伟大的思想变革,傅斯年将这场变革称为"人道主义之黎明"[1]。这场变革孕育了中国传统文化中的革命观念。《周易》称:"汤武革命,顺乎天而应乎人。"(《周易·革·彖传》)古代语境中的"革命"不是今天意义上的革命,它指革除旧统治者的"天命"。但传统革命与近现代革命具有千丝万缕的联系:两者都强调没有谁凭空就有执政资格,执政者的正当性来源于民心所向。

"天视自我民视,天听自我民听。"(《孟子·万章上》)"天行有常,不为尧存,不为桀亡。"(《荀子·天论》)这种高度理性的天命观直接启发了中国传统政治伦理中的民本思想。孟子劝诫梁惠王:"地方百里而可以王。王如施仁政于民,省刑罚,薄税敛,深耕易耨,壮者以暇日修其孝悌忠信,入以事其父兄,出以事其长上,可使制梃以挞秦楚之坚甲利兵矣。"(《孟子·梁惠王上》)又指出:"以力假仁者霸,霸必有大国;以德行仁者王,王不待大。汤以七十里,文王以百里。以力服人者,非心服也,力不赡也;以德服人者,中心悦而诚服也。"(《孟子·公孙丑上》)

周文王只有"地方百里",相比较商朝统治者,这无疑

---

[1] 傅斯年:《性命古训辨证》,欧阳哲生主编:《傅斯年全集》第2卷,长沙:湖南教育出版社,2000年,第579页。

是非常弱小的。但周人推行仁政，得道多助，这是他们能够成功逆天改命的根本原因。这些民本思想一直延续到了今天，融入了中国共产党人对民主政治的理解当中。对于共产党人而言，政治民主化就是政治现代化的主要内容，但民主化绝不能简单等同于西方资产阶级的选举游戏，它必须处处体现出以民为本的原则。这是中国共产党人能够取得新民主主义革命胜利的基本前提，也是能够取得社会主义建设巨大成就的基本保障。

毫不夸张地说，中国共产党人"立党为公，执政为民"的理念既是现代民主政治的产物，也是传统民本思想的发展和延续。早在三千多年前，中华民族就领悟到了这个至朴至深的道理，它是中华民族政治理性文明走向成熟的重要标志。

第二节　东周时期的变革思想

从狭义上说，周秦之变指的是秦始皇统一天下，改分封为郡县。从广义上说，周秦之变横跨了中国历史上一次长期而激烈的变革时期，它的跨度可以上溯至公元前8世纪平王东迁、东周列国，下追至公元前1世纪汉武帝削国入郡、表彰六经。

这次变革埋葬了绵延两千多年的奴隶社会，开启了又一个长达两千多年的封建社会。它使中华民族由各条不同的小溪汇聚成一条大江大河，使中华文明形成了宏大的气象和稳固的格局，是中华民族从松散走向凝聚的转折点。

殷周之变遗留了两个重要的问题：

第一，周人革除了夏商两代蒙昧残酷的原始宗教习俗，建立了成熟文明的政治伦理和礼教制度。

这主要表现为：（1）周人废除了商代人殉人牲的野蛮宗教，代之以精细缜密的礼乐制度，使其政治统治趋于文明；（2）周人废除了商代族内通婚的原始习俗，确立了同姓不婚的制度，使其政治统治趋于开放；（3）最显著的是，周人废除了商代神秘超验的天命观，创立了天命即民心的政治伦理，使其政治统治趋于理性，更为中华文明三千年来以民为本的施政原则奠定了基础。

然而，周代社会等级森严，更有甚于殷商。中华文明要进一步变革，首先就要打破其严苛的血统等级制度。

第二，武王伐纣、周公经营洛邑等事件大大促进了上古关中文明与中原文明的交融，但中国各个地域文化仍然是相对松散的。此时的中华文明虽然具备了多元并存的大一统格局,却没有充分形成稳固统一的制度保障。

例如,周公后裔建立的鲁国与商朝贵族后裔建立的宋国就奉行着截然不同的制度规范和哲学思想,这直接影响到了后来儒家和墨家的分歧。韩非子说:"世之显学,儒、墨也。"(《韩非子·显学》)儒墨两家纷争不已。在墨家看来:

> 儒之道足以丧天下者,四政焉。儒以天为不明,以鬼为不神,天、鬼不说,此足以丧天下。又厚葬久丧,重为棺椁,多为衣衾,送死若徙,三年哭泣。扶后起,杖后行,耳无闻,目无见,此足以丧天下。又弦歌鼓舞,习为声乐,此足以丧天下。又以命为有,贫富寿夭、治乱安危有极矣,不可损益也。为上者行之,必不听治矣;为下者行之,必不从事矣。此足以丧天下。(《墨子·公孟》)

这段引文概括了儒墨两家的四个主要区别:(1)儒家"敬鬼神而远之",墨家则重鬼神;(2)儒家厚丧,墨家薄丧;(3)儒家好乐,墨家非乐;(4)孔子称"不知命,无以为君子"(《论语·尧曰》),在儒家看来,天命是固定的天道法则,墨家则不相信这样的天命。

儒墨之别不仅是思想流派之别,更是地域文化之别。

首先，夏商两代没有宗法制度，但周代"立子立嫡"，建立了烦琐的宗法制。礼乐丧服的目的是区分嫡出庶出、大宗小宗，是严格宗法等级制的体现。所以墨子短丧、非乐都是夏商后裔针对周礼宗法制度而发。

其次，夏商两代相信天是神秘超验的主宰力量，天意深不可测，但周人相信天命就是自然法则，人可以把握自然法则并顺应自然法则。墨子批判儒家"以天为不明，以鬼为不神"，是夏商后裔反对周人不信超验主宰的神秘力量；墨家批判儒家"以命为有"，则是夏商后裔反对周人相信人可以把握自然法则。

总之，鲁国是周公后裔的封地，儒家体现了周代礼法；宋国是商朝贵族微子后裔的封地，墨子又法夏禹，墨家体现了夏商信仰。儒墨之争是上古关中文明与中原文明冲突在春秋战国的体现。

东周大变革创造了丰富绚烂的诸子百家。诸子百家最初起源于地域文化。除了儒墨分别起源于关中文化和中原文化以外，道家起源于南方楚文化，邹衍等后世所谓的阴阳五行家则深受滨海东夷文化的影响。诸子并起，百家争鸣，不仅大大发展了中华文明各个不同的源头，也使得这些纷繁各异的源头走向了融合。中华文明不仅在东周时期大大发展了其精神品格，更大大扩充了其覆盖范围。

历史学家徐旭生把上古中华文明分为华夏集团、东夷集团、苗蛮集团三个主要源头。其中华夏集团就是夏商中原文明与周人关中文明的集合，东夷集团以分布在今天山东、苏北及皖北的淮、奄等部落为主，苗蛮集团则包括楚国等南方诸侯。[1] 此外，春秋晚期，山西的赤狄、白狄，以及江浙的吴、越也融入了中华文明。

总之，诸子百家的相互交锋，各个地域文化之间的相互融合，为后世提供了丰富的精神资源，秦汉大一统则是这种融合进程的必然产物。秦始皇统一文字和度量衡，汉武帝削国入郡、推行文教、表彰六经，这些政治举措最终使中华文明汇集成了一个有机的统一体。

我们绝不能将汉武帝创设文教体系简单地视为"文化专制"或"一元主义压制多元思想"，因为汉代经学不只体现了儒家的思想成果，还包含了道家、法家、阴阳五行家的思想成果，其实质是多元文化融合。历史学家蒙文通一语中的："儒家（今文家）之战胜百家，就在于它汲取了百家之长；道家（指黄老）也是这样，正是杂家胜利了。"[2]

中华文明本身就是多元共存的统一体，多元性意味着中华文明具有包容性，能够合理地吸收一切人类文明的优秀成

---

1 参见徐炳昶（旭生）：《中国古史的传说时代》，上海：中国文化服务社，1946年。
2 蒙文通：《治学杂语》，蒙默编：《蒙文通学记》（增补本），北京：生活·读书·新知三联书店，2006年，第14—15页。

果，但它本质上是一个统一体，多种文化不是相互排斥，而是被整合到中华民族统一的进程之中。

值得一提的是，周秦之际的巨大历史变革创造了丰富璀璨的历史运动变化思想，例如管仲变法，辅佐齐桓公称霸诸侯，《管子》一书中就包含有关于时代变化的丰富哲学理论。管子指出："圣人者，明于治乱之道，习于人事之终始者也。其治人民也，期于利民而止。故其位齐也，不慕古，不留今，与时变，与俗化。"（《管子·正世》）这番话明确指出，衡量治国好坏的标准不是上古的教条，而是"利民"与否。想要实现"利民"，就必须根据时代需要做出改变。

怎么做才符合管子时代的"利民"需要呢？引人注目的是，管仲在两千六百多年前就产生了提高人民消费水平，以促进社会生产的观点。他指出，上古帝喾、帝尧时代，自然资源充沛，人地关系缓和，人民耕以自养，余粮上缴天子，遂天下太平。正所谓"牛马之牧不相及，人民之俗不相知"。但到了周公时代，"断指满稽，断首满稽，断足满稽"，盗贼蜂起，用尽酷刑不能止。这不是因为人民不怕死，而是因为资源匮乏，人地矛盾尖锐。因此管仲意识到，节用节流的方式已经不再适用于他所处的时代了，倒不如反其道而行之，通过刺激民众的消费，促使民众开发新的资源。如他所言："圣人者，省诸本而游诸乐，大昏也，博夜也。"（《管子·侈靡》）

可以说，管仲的治国理念主要建立在"时变"的判断之上。善治国者，应顺时而变，类似的思想在《管子》中比比皆是。如《宙合》"天不一时，地不一利，人不一事"，《霸言》"圣人能辅时，不能违时；知者善谋，不如当时。精时者，日少而功多"，《白心》"不可常居也，不可废舍也。随变断事也，知时以为度。大者宽，小者局。物有所余，有所不足"，都是有关与时俱进的深刻论述。尹知章在解释上述《白心》引文时，就明确指出："居必有时而迁，废舍则百度弛紊也。居变则不壅塞也。事非其时，则不成也。宽则有余，局则不足。"[1] 这番解释十分符合管仲的治国思想。国家治理切不可固守古人教条，唯有顺应时势变化，"居变则不壅塞"，才能做到事半功倍，"日少而功多"。

也许是得益于齐桓公"五霸之首"的成功经验，春秋战国时期诸子百家中，有关运动变化的学说层出不穷。例如道家就形成了流动的朴素世界观。汉初太史公司马谈在《论六家之要指》中指出："道家使人精神专一，动合无形，赡足万物。其为术也，因阴阳之大顺，采儒、墨之善，撮名、法之要，与时迁移，应物变化，立俗施事，无所不宜，指约而易操，事少而功多。"（《史记·太史公自序》）司马谈的话明确概括出，道家主张"与时迁移，应物变化"，认为"道"

---

1 黎翔凤：《管子校注》，北京：中华书局，2004年，第789页。

绝非僵死静止之物，而是如水一般具有流动性。

水在道家眼里是最接近"道"的物质，老子好言水，"上善若水，水善利万物而不争，处众人之所恶，故几于道"（《老子》第8章）。又称"天下柔弱莫过于水，而攻坚强者莫之能胜，其无以易之。弱之胜强，柔之胜刚，天下莫不知，莫能行"（《老子》第78章）。河上公注曰："圆中则圆，方中则方，壅之则止，决之则行。水能怀山襄陵，磨铁消铜，莫能胜水而成功也。"[1] 水无形无状、无色无味，因此能够无形而无不形、无色而无不色、无味而无不味。把水倒进方形容器，水就是方的，把水倒进圆形容器，水就是圆的；把水倒进黑色的杯子，水就是黑色的，把水倒进红色的杯子，水就是红色的；在水中加入糖，水就是甜的，在水中加入盐，水就是咸的。

因此，道家将流动不居的水视为天下至柔之物。老子言："天下之至柔，驰骋天下之至坚。"（《老子》第43章）王弼注曰："气无所不入，水无所不经。虚无柔弱，无所不通。无有不可穷，至柔不可折。"[2] 水的流动性决定了水的柔，柔则能适应千变万化的各种事物。因此在老子看来，水的特性

---

[1] （汉）河上公：《老子道德经河上公章句》，王卡点校，北京：中华书局，1993年，第297页。

[2] （三国魏）王弼：《老子道德经注校释》，楼宇烈校释，北京：中华书局，2008年，第120页。

最接近他主张的"道法自然"。老子以水喻道、法水取则，其本质是一种朴素的运动流变观。

道家的运动流变观深刻影响了法家，法家是先秦诸子百家中最富有历史运动发展思想的流派。冯友兰指出："时势常变，政治社会制度，亦须因之而变。此理一部分之道家，亦有言及之者。但法家为当时现实政治趋势加以理论的根据，其反驳当时守旧者之言论，多根据于此历史观也。"[1] 历史运动发展正是法家变法主张的哲学基础。只有在历史发展、时代变化的基本判断之上，法家的变法主张才合情合理。

以变法著称的商鞅就对历史时代的发展变化有着深刻的认识。今存《商君书》未必都是商鞅本人的作品，但其基本反映了商鞅的思想。书中明确区别三个不同的历史阶段，"上世亲亲而爱私，中世上贤而说仁，下世贵贵而尊官"（《商君书·开塞》）。之所以会出现不同的历史阶段变化，商鞅解释道：

> 昔者昊英之世，以代木杀兽，人民少而木兽多，黄帝之世，不麛不卵，官无供备之民，死不得用椁。事不同，皆王者，时异也。神农之世，男耕而食，妇织而衣；刑政不用而治，甲兵不起而王。神农既没，以强胜弱，以

---

[1] 冯友兰：《中国哲学史》上册，北京：商务印书馆，2011年，第336页。

众暴寡，故黄帝作为君臣上下之义、父子兄弟之礼、夫妇妃匹之合，内行刀锯，外用甲兵。故时变也。由此观之，神农非高于黄帝也，然其名尊者，以适于时也。（《商君书·画策》）

这段引文反映出，商鞅已经具备了某些朴素的历史唯物主义观点，已经能够发现生产力发展对政治社会的根本作用。伏羲太昊时代、神农时代、黄帝时代，社会生产力各不相同，决定了衡量政治好坏的标准不同。以太昊时代的标准去评价黄帝时代，必然龃龉扞格、凿枘不投。如今已处战国之世，又岂可抱着古人的教条不放？

因此商鞅旗帜鲜明地主张："圣人不法古，不修今。法古则后于时，修今则塞于势。周不法商，夏不法虞，三代异势，而皆可以王。故兴王有道，而持之异理。"（《商君书·开塞》）他这样向秦孝公解释变法的必要性：

前世不同教，何古之法！帝王不相复，何礼之循！伏羲、神农教而不诛，黄帝、尧、舜诛而不怒，及至文、武，各当时而立法，因事而制礼。礼、法以时而定，制、令各顺其宜，兵甲器备各便其用。臣故曰：治世不一道，便国不法古。汤、武之王也，不循古而兴；殷、夏之灭也，

不易礼而亡。然则反古者未必可非，循礼者未足多是也。（《商君书·更法》）

这番话是法家关于变法图强的有力宣言，更是法家关于历史发展的集中表述。深刻把握了时代变革的法家，因此能够在战国百家争鸣的局面中脱颖而出，领导秦国走上富强的道路。

作为法家学说的集大成者，韩非不仅继承了商鞅的变法主张，更继承发展了商鞅朴素的历史唯物主义思想：

上古之世，人民少而禽兽众，人民不胜禽兽虫蛇。有圣人作，构木为巢以避群害，而民说之，使王天下，号之曰有巢氏。民食果蓏蚌蛤，腥臊恶臭而伤害腹胃，民多疾病。有圣人作，钻燧取火以化腥臊，而民说之，使王天下，号之曰燧人氏。中古之世，天下大水，而鲧、禹决渎。近古之世，桀、纣暴乱，而汤、武征伐。今有构木钻燧于夏后氏之世者，必为鲧、禹笑矣；有决渎于殷、周之世者，必为汤、武笑矣。然则今有美尧、舜、汤、武、禹之道于当今之世者，必为新圣笑矣。是以圣人不期修古，不法常可，论世之事，因为之备。（《韩非子·五蠹》）

韩非看到，在上古生产力落后，物质条件极其匮乏的时代，所谓圣人不过教授民众筑巢、取火；中古之世，农业生产力得到发展，对圣人的要求也相应提高，大禹治水，为天下所拥戴，圣人必须兴修水利以促生产；近古之世，社会生产力进一步发展，战争日趋频繁，其规模越来越大，对圣人的标准就变成了富国强兵。正所谓"上古竞于道德，中世逐于智谋，当今争于气力"（《韩非子·五蠹》），拿上古、中古的圣人标准去衡量近古之世，不啻于守株待兔，必为天下所耻笑。

不仅如此，韩非还注意到，农业生产力的发展带来人口膨胀，造成了人地关系的紧张：

> 古者丈夫不耕，草木之实足食也；妇人不织，禽兽之皮足衣也。不事力而养足，人民少而财有余，故民不争。是以厚赏不行，重罚不用，而民自治。今人有五子不为多，子又有五子，大父未死而有二十五孙。是以人民众而货财寡，事力劳而供养薄，故民争，虽倍赏累罚而不免于乱。（《韩非子·五蠹》）

古代生产力落后，人口稀少，人们对于资源的欲望和需求也低。近古之世生产力发展，人口快速增长，人们对于资源的需求不断膨胀，必然导致日趋频繁的战争。战国时期战乱频繁是生产力发展的必然结果。韩非对战争的解释已经具备了唯物主义的视野。

中华文明的变革创新造就了先秦法家深刻的历史发展观，法家则以其对历史发展的深刻洞见，进一步推动了中华文明的变革创新。周秦之变的思想反映和理论成果最集中地体现在法家身上，正是法家的变法实践有力地加速了中华民族大一统格局的发展。

例如在战国以前，血统几乎是划分统治阶级与被统治阶级的唯一标准。贵族天生就是统治者，平民无论多么有才华也很难跻身统治阶级。这种以血统划分人群的落后制度，遭到了法家的猛烈抨击。在战国法家先驱李悝看来，那些"其父有功而禄，其子无功而食之，出则乘车马、衣美裘以为荣华，入则修竽瑟、钟石之声而安其子女之乐，以乱乡曲之教"的贵族，充其量不过"淫民"而已。国家富强首先就需要削弱甚至消灭这些"淫民"。唯其如此，才能让有才华的人上升到他所应处的位置，实现"为国之道，食有劳而禄有功，使有能而赏必行、罚必当"（《说苑·政理》）。

削亲贵，举庶民，可以说是法家孜孜以求的目标。例如吴起在楚国变法，"使封君之子孙三世而收爵禄，绝灭百吏之禄秩，损不急之枝官，以奉选练之士"（《韩非子·和氏》）。

他"将均楚国之爵而平其禄,损其有余而继其不足,厉甲兵以时争于天下"(《说苑·指武》)。

又如商鞅在秦国变法,"刑无等级,自卿相将军以至大夫庶人,有不从王令、犯国禁、乱上制者,罪死不赦。有功于前,有败于后,不为损刑。有善于前,有过于后,不为亏法"(《商君书·赏刑》)。

总之,法家"开阡陌,废井田",促进人口流动;"黜世卿,举庶民",促进社会流动。所有这些都严重破坏了诸侯分封的社会基础,为秦汉大一统王朝的诞生开辟了道路。毫不夸张地说,周秦之际,无论是社会政治经济的变革,还是哲学思想文化的变革,都清楚地指向了大一统的目标。通过这场历史剧变,中华民族的统一性有了坚固的制度保障。

不过需要指出,尽管法家具有打破血缘贵族等级制度的历史功绩,但其缺陷同样明显。首先,法家以铁血冷酷的方式思考世界,难以培育中华民族的道德理想和精神追求,其可以推动时代的变革,却很难适应本轮变革完成后的新需要。其次,法家提倡的社会平等仅仅限于法令制度上的平等,而不是生活福利上的平等。一个所有人不分贵贱,都严格遵循某套法律制度的国家,无疑是一台强大的机器,人人都是这台机器当中的零件,但这不代表人民在机器中过得幸福安宁。

因此，只有结合儒家的仁政思想和墨家的大同思想，周秦之变创造的大一统格局才足够完整。

第三节 大一统与中华文明的理想

世人每每对比儒、法两家的历史观，强调法家取历史进步主义，儒家取历史复古主义。例如冯友兰在谈及法家的历史观时指出："法家之言，皆应当时现实政治及各方面之趋势。当时各方面之趋势为变古，法家亦拥护变古。其立论亦一扫自孔子以来托古立言之习惯。"[1]

尽管人们长期以来都认定儒家持有复古主义的历史观，但不应忽略，儒家同样是周秦之际历史变革的推动者，同样是中华文明创新性的重要体现，因为儒家几乎是先秦诸子百家中唯一正面宣扬革命的思想流派。"汤武革命，顺乎天而应乎人。"（《周易·革·象传》）尽管先秦儒家提倡的革命与近现代仁人志士提倡的革命并不完全等同，但两者同样包含革故鼎新的意思。中国近现代史上的革命思潮并不完全

---

[1] 冯友兰：《中国哲学史》上册，北京：商务印书馆，2011年，第335页。

来自西方，它毋宁是儒家革命传统与西方革命观结合的产物。

《孟子·万章下》中记载，齐宣王曾请教孟子卿士之职为何，孟子答曰"有贵戚之卿，有异姓之卿"，并反问宣王所问何种卿士。宣王说："请问贵戚之卿。"孟子答道："君有大过则谏，反覆之而不听，则易位。"这番话相当于说，革命就是儒家卿士的基本责任，否则齐宣王的反应怎么会是"勃然变乎色"呢？

更重要的是，以汤武革命为前提，儒家发展出了一套成圣观。孟子称"人皆可以为尧舜"（《孟子·告子下》），荀子称"涂之人皆可以为禹"（《荀子·性恶》）。人人皆可成圣的实质是朴素的人性平等观念，人性平等观念又可以推导出君臣相待的仁政思想。孟子说："君之视臣如手足，则臣视君如腹心；君之视臣如犬马，则臣视君如国人；君之视臣如土芥，则臣视君如寇仇。"（《孟子·离娄下》）儒家绝没有鼓吹盲目的愚忠，在儒家眼里，君臣之间绝非人身依附的关系，而是权责对等的关系。

齐宣王向孟子请教"汤武伐桀纣"之事，宣王问："臣弑其君，可乎？"孟子回答："贼仁者谓之贼，贼义者谓之残，残贼之人谓之一夫。闻诛一夫纣矣，未闻弑君也。"（《孟子·梁惠王下》）在儒家看来，仁政超越于君主本身，是衡量君主的基本标准。只有推行仁政的君主，才是真正的君主，才值得他们辅佐。反之,如果君主推行暴政,儒家就有理由起而革命。

何为仁政?根本立足点就是让人民"老有所终,幼有所养"。正如孟子所说:

> 不违农时,谷不可胜食也;数罟不入洿池,鱼鳖不可胜食也;斧斤以时入山林,材木不可胜用也。谷与鱼鳖不可胜食,材木不可胜用,是使民养生丧死无憾也。养生丧死无憾,王道之始也。
>
> 五亩之宅,树之以桑,五十者可以衣帛矣;鸡豚狗彘之畜,无失其时,七十者可以食肉矣;百亩之田,勿夺其时,数口之家可以无饥矣;谨庠序之教,申之以孝悌之义,颁白者不负戴于道路矣。七十者衣帛食肉,黎民不饥不寒,然而不王者,未之有也。(《孟子·梁惠王上》)

需要指出,儒家仍然坚信"劳心者"与"劳力者"的天然分别,其民本思想仍然远没有达到人民民主的高度,但这些思想对于今天我们思考民主政治,具有深刻的启发。至少仁政民本的传统让我们意识到,民主政治绝不仅仅是选票政治那么简单,民主归根结底是要让人民群众享受好处,使人民群众能够幸福地生活。

相较于儒家,墨家的政治理想更加大胆,也更具有创新性。清代学者张惠言指出:"墨之本在兼爱,而兼爱者,墨之所以自固而不可破……故凡墨氏之所以自托于尧禹者,兼爱也。"[1] 大学者俞樾进一步指出:

> 窃尝推而论之,墨子惟兼爱是以尚同,惟尚同是以非攻,惟非攻是以讲求备御之法。近世西学中光学、重学,或言皆出于墨子,然则其备梯、备突、备穴诸法,或即泰西机器之权舆乎?嗟乎!今天下一大战国也,以孟子反本一言为主,而以墨子之书辅之,倘足以安内而攘外乎。[2]

诚如俞樾所论,兼爱是墨子学说的前提与核心,由兼爱可以推导出尚同,由尚同可以推导出非攻,由非攻可以推导出军事学知识,而墨子军事学知识中包含了丰富的光学、力学等物理学思想。兼爱代表墨子学派的高尚理想,丰富的物理知识则是近代墨学复兴的重要原因。

不同于儒家的仁爱,墨家的兼爱没有亲疏等第之别。如

---

[1] (清)张惠言:《书墨子经说解后》,载(清)孙诒让:《墨子间诂》附录,孙启治点校,北京:中华书局,2001年,第680页。

[2] (清)孙诒让:《墨子间诂》"俞序",第2页(序言页)。

果说仁爱是儒家主张君臣父子之礼法制度的哲学基础，那么兼爱就是墨家主张天下大同的哲学基础。俞樾说"墨子惟兼爱是以尚同"，是非常准确的。尽管墨家学派在秦汉以后逐渐消亡，但其学说并没有湮没无闻，而是融入了某些儒家经典。最有名的例子就是《礼记·礼运》，孔子对言偃描述大同之世："大道之行也，天下为公，选贤与能，讲信修睦。故人不独亲其亲，不独子其子……"其实这番话更能代表墨家的思想，以至于后世学者多认定《礼运》是墨学窜入《礼记》的结果。

需要强调，墨家的兼爱尚同并不像某些学者所认为的那样虚无缥缈，兼爱尚同绝不只是道德教条，而是建立在人与人相互需要的现实基础之上的和谐关系。墨子明确指出，"爱利万民""兼而爱之，从而利之"（《墨子·尚贤中》）；"爱人者，人必从而爱之；利人者，人必从而利之"（《墨子·兼爱中》）；"兴天下之利，除天下之害"（《墨子·兼爱下》）。

"兼相爱"的经济基础是"交相利"，"交相利"的实质是社会分工协作。用墨子的话说：

> 王公大人，蚤朝晏退，听狱治政，此其分事也。士君子竭股肱之力，亶其思虑之智，内治官府，外收敛关市、山林、泽梁之利，以实仓廪府库，此其分事也。农夫蚤出暮入，耕稼树艺，多聚菽粟，此其分事也。妇人夙兴

夜寐，纺绩织纴，多治麻丝葛绪，綑布縿，此其分事也。（《墨子·非乐上》）

墨家所说的"分事"，就是我们今天讲的社会分工。墨家把兼爱尚同的伦理追求建立在社会分工的经济基础之上，说明已经具备了一定程度的历史唯物主义视野。这种历史唯物主义的视野进而促使墨家十分关注劳动人民的生活状况。

墨家的理想社会是劳动者各尽所能、各取所长的社会，"凡天下群百工，轮车鞼鞄、陶冶梓匠，使各从事其所能""凡足以奉给民用，则止"（《墨子·节用中》）。因此，墨子十分严厉地批判那些不劳而获的食利阶层，斥责他所处的时代"至有余力，不能以相劳；腐朽余财，不以相分；隐匿良道，不以相教。天下之乱，若禽兽然"（《墨子·尚同上》）。

毫不夸张地说，墨家是先秦诸子百家中最有平民主义色彩的思想流派。顾颉刚先生便高度称赞墨子："他有坚定的主义，有具体的政治主张……一切封建制度，贵族阶级，他们是准备全部打倒的；谁有本领谁做官，哪一个最有本领就请哪一个做天子。这等坚决的主张当然会博得民众的多数同情，所以就是和他势不两立的儒家，也不能不采取他的学说。"[1]

---

1 顾颉刚：《战国秦汉间人的造伪与辨伪》，吕思勉、童书业编：《古史辨》第7册上，上海：上海古籍出版社，1982年影印本，第11页。

墨子天下大同的政治理想和关心劳动群众的政治立场，使得他的学说得到了中国近现代仁人志士的推崇。正是在这些进步人士身上，我们充分看到了中国传统文化在近现代的创新发展。

第四节　近代变革中的传统资源

1904年6—12月，梁启超在《新民丛报》上连载了《子墨子学说》。这篇长文一开头就批判彼时的中国社会一盘散沙，人人皆奉行杨朱那套利己主义、唯我主义的处世哲学，中国苟欲摆脱积贫积弱、落后挨打的局面，非复兴墨子不可。"今举中国皆杨也……呜呼！杨学遂亡中国！杨学遂亡中国！今欲救之，厥惟墨学。"[1]

近代中国仁人志士之所以推崇墨子，除了他的高尚理想以外，更缘于他为天下苍生苦心劳形的杰出形象，正如梁启超所说："综观墨学实行之大纲，其最要莫如轻生死，次则

---

[1] 梁启超：《子墨子学说》，汤志钧、汤仁泽编：《梁启超全集》第4集，北京：中国人民大学出版社，2018年，第354页。

忍苦痛……夫轻生死不易，忍苦痛尤难，轻生死争之于一时，忍苦痛持之于永久，非于道德之责任认之甚明不可……欲救今日之中国，舍墨学之忍苦痛，则何以哉？舍墨学之轻生死，则何以哉？"[1]辛亥革命期间，革命党人便称赞墨子是"我国社会学家第一伟人"，号召人们学习墨子，"以养成公德，以收回国魂"[2]。

最具有"轻生死""忍苦痛"品质的莫过于中国共产党人。中国共产党人也曾通过墨子寻找中国传统文化与马克思主义的契合之处。早在1918年8月21日，蔡和森在给毛泽东的去信中就提及："果为君子，无善不可为，即无恶不可为，只计大体之功利，不计小己之利害。墨翟倡之，近来俄之列宁颇能行之，弟愿则而效之……"[3]蔡和森的话反映出墨子学说对于中国进步人士接受马克思主义造成的积极影响。萧楚女在1924年5月31日发表文章，更号召全国青年学习墨子，以天下为己任，切勿隐世遁形："在我们现在这个时代，我们需要墨翟，不需要陶潜、李白。"[4]1939年4月24日，毛

---

1 梁启超：《子墨子学说》，汤志钧、汤仁泽编：《梁启超全集》第4集，北京：中国人民大学出版社，2018年，第396页。

2 觉佛：《墨翟之学说》，张枬、王忍之编：《辛亥革命前十年间时论选集》第1卷，北京：生活·读书·新知三联书店，1960年，第865、869页。

3 蔡和森：《蔡林彬给毛泽东》，《蔡和森文集》，北京：人民出版社，2013年，第9页。

4 萧楚女：《脱离家庭及拒婚问题》，中央党史研究室《萧楚女文存》编辑组、广东革命历史博物馆编：《萧楚女文存》，北京：中共党史出版社，1998年，第71—72页。

泽东在延安抗日军政大学生产运动初步总结大会上，更是高度称赞墨子是劳动者，"是比孔子更高明的圣人"[1]。

墨家学说拉近了中国人与马克思主义的距离，中国的马克思主义者又发扬了墨家学说，并重新诠释和发展了中国传统思想文化。最典型的例子就是《礼运》。在古代社会，《礼运》并不受经学家的重视。朱熹曾批评《礼运》"此则有病耳"[2]。吕祖谦甚至否认《礼运》的儒家正统地位，认为其中关于大同的描述"非孔子语"，"真是老聃、墨氏之论"[3]。《礼运》脱颖而出，成为今天脍炙人口的古代经典作品，乃是社会主义思想作用的结果。

康有为是历史上第一个把《礼运》单独抽出，并赋予其至高地位的思想家。康氏《大同书》就是结合西方空想社会主义，阐发《礼运》"大同之道"的作品。康有为的政敌、中国民主革命的伟大先驱孙中山先生同样信奉"天下为公"的大同之道。但《礼运》之所以能如此深入人心，主要还是中国共产党人的作用。毛泽东指出："康有为写了《大同书》，他没有也不可能找到一条到达大同的路。资产阶级的共和国，外国有过的，中国不能有，因为中国是受帝国主义压迫的国

---

[1] 陈晋：《毛泽东读书笔记解析》，广州：广东人民出版社，1996年，第683页。

[2] （宋）朱熹：《朱子全书》第21册，上海：上海古籍出版社，合肥：安徽教育出版社，2002年，第1437页。

[3] （宋）吕祖谦：《吕祖谦全集》第1册，杭州：浙江古籍出版社，2008年，第417—418页。

家。唯一的路是经过工人阶级领导的人民共和国。"[1] 正是中国共产党人发掘了中国传统的大同理想与现代共产主义之间的相似之处,并使大同理想具备了现实性。

《礼运》是一个缩影,它是儒家经典,却融入了墨家学说的精髓,又随着近现代变革而焕发出夺目的光芒。上述例子证明,中华民族始终是一个不断创新的民族,中国共产党人是中华文明创新性的集中体现,而中国共产党人又以其创新性,革新了古老的中华文明,使之走上了现代化的道路。

第五节　小结

在许多欧洲近代思想家眼里,中华文明突出的连续性似乎成了中国停滞僵化的最好理由。大哲学家黑格尔在《世界史哲学》中露骨地把中国、印度等亚洲文明视为人类历史的婴儿时期,认为中国只是人类社会还没有真正脱离自然世界的表征。"在任何情况下,它都把自己的特性一直保持下来,

---

[1] 毛泽东:《论人民民主专政》,《毛泽东选集》第 4 卷,北京:人民出版社,1991 年,第 1471 页。

因为它始终是独立的帝国。这样，它就是一个没有历史的帝国，只是自身平静地发展着，从来没有从外部被摧毁。"[1]

这种思维方式一度影响了某些中国学者，他们宣称中国社会是停滞僵化的"超稳定结构"，"社会结构的停滞性是中国封建社会的最基本的特点"。因此中国历史只有王朝更替，没有时代变革，只有循环往复，没有发展进步。"中国传统社会制度是不能仅仅靠每个大一统王朝长期延续而静态地继承下来，而是必须通过周期性的动乱和复苏，一代一代地保存下来的。"[2]

尽管东方停滞论一度很有市场，但其荒谬之处显而易见。即便在今天的西方理论界，东方停滞论也已经失去了市场。英国新马克思主义历史学家佩里·安德森挖苦东方停滞论："对于非欧广大地区的历史在多数情况下仅仅是走马观花、隔靴搔痒……只有在无知的黑夜，一切不熟悉的形象才会具有相同的颜色。"[3]

历史学家弗兰克更加尖锐地斥责东方停滞论："这种说法也是纯粹的意识形态虚构，根本没有事实依据或科学依据。"

---

[1] （德）黑格尔：《世界史哲学讲演录（1822—1823）》，刘立群等译，北京：商务印书馆，2015年，第114页。

[2] 金观涛、刘青峰：《兴盛与危机：论中国社会超稳定结构》，北京：法律出版社，2010年，第12、14页。

[3] （英）佩里·安德森：《绝对主义国家的系谱》，刘北成、龚晓庄译，上海：上海人民出版社，2001年，第566—567页。

他通过细致的文献考据和丰富的数据资料证明,在 19 世纪以前,"整个世界经济秩序当时名副其实地是以中国为中心的。哥伦布以及在他之后直到亚当·斯密的许多欧洲人都清楚这一点。只是到了 19 世纪,欧洲人才根据新的欧洲中心论观念,名副其实地'改写'了这段历史"[1]。

事实胜于雄辩,通过前面的分析不难看出,中华民族不是固步自封的民族,而是包容开放、善于变革的民族。上述三次历史变革就是中华民族海纳百川、自我革新的最好例证。中华民族在三次变革中不断提升自己的文明品格,也不断扩充自己的涵盖范围。

这三次伟大变革承前启后,相互关联。就范围上而言,第一次殷周之变发生的范围主要集中在上古关中文明与中原文明之间,它使中华民族的两大文明源头进一步交汇融合,稳固了中华文化的主轴。第二次周秦之变的范围扩大到了东南西北四个方向的周边族群头上,吸纳了东夷、苗蛮、羌戎、北狄等周边族群。借用公羊学的术语,殷周之变以前,中华文明还主要在中原地区,是"内其国而外诸夏"的历史阶段;殷周之变以后,中华文明就涵盖了中原、关中两大文化,发展到了"内诸夏而外夷狄"的历史阶段;周秦之变以后,秦

---

[1] (德)贡德·弗兰克:《白银资本:重视经济全球化中的东方》,刘北成译,成都:四川人民出版社,2017 年,第 328、117 页。

汉大一统王朝建立，四裔族群都成了中华民族的一部分，中华文明发展到了"夷狄进至于爵，天下远近小大若一"的历史阶段。近现代的新旧民主主义革命和社会主义现代化建设则是中华民族吸收西方先进文化，并确立了马克思主义科学指导的历史阶段。中华民族的影响力走出了东亚、中亚的范围，波及全世界。

就内涵上而言，第一次殷周之变确立了中华民族的基本文明观念、哲学思想和政治伦理，第二次周秦之变确立了中华民族有机整体的大一统行政制度架构，第三次近现代之变确立了中华民族的现代化道路。

需要强调，即便是从周秦之变到近现代之变的两千多年时间里，中华文明也不是停滞僵化的。其中同样经历了多次大规模的历史变革，比如魏晋之变、唐宋之变、明清之变等。

例如经历了魏晋之变，中国迈入第二个大一统时期，在政治制度上建立了三省六部制、科举制、两税法等。其中三省六部制是当时世界上最完善的行政官僚体制；科举制则是世界上最早的官员考试选拔制度，为平民百姓提供了上升通道；两税法则改变了税收结构，为后来商业社会的繁荣奠定了制度基础。又如经过唐宋之变，中国建立了当时世界上最发达的商业文明。根据北宋画家张择端的《清明上河图》显示，北宋都城汴梁的街市高度繁华，店铺林立，车水马龙，行人络绎不绝。没有发达的市民社会，根本不可能实现这样的场景。相比较当时欧洲沉闷的中世纪，中国社会如此繁荣多彩！再如经过明清之变，中国基本形成了今天的统一多民族国家版图，中国的人口数量和农业技术水平达到了古代社会的最高峰。

一部中华文明史就是一部不断变革的历史。因此中国式的现代化不是凭空产生的现代化，而是立足于本民族传统的现代化，是中华文明创新性的继承和发展。中华传统文化本就具有高度的政治追求和丰富的变革理论，这些变革理论和政治理想又成为近现代中国人民追求"民族独立，人民解放"的精神资源。"民族独立，人民解放"和现代化建设的实践又不断丰富中国传统文化，使中华文明的创新历程达到新的高度。

需要明确，中华文明具有突出的创新性，马克思主义也具有与时俱进的理论品格。中国共产党人既是中华文明突出创新性的继承者、发扬者，也是马克思主义与时俱进理论品格的继承者、发扬者。中国共产党人的创新性既有与古代创新性的相似性，又有超越古代创新性的地方。相关论述，请看第三章。

第三章
近代中国的落后与变革

本书第一章已经指出,古代中华文明长期站在人类文明的前列,中华民族长期引领世界创新的潮流,其根本原因是中国劳动人民始终具有旺盛的创造力。不幸的是,自从人类世界迈入近代历史的门槛以后,中华民族在世界创新潮流中的领先地位一步步丧失了,尤其是19世纪中期以后,中国甚至沦为了半殖民地半封建社会,沦为了世界资本主义体系的附庸。本章拟接着讨论:什么原因使近代中国从创新潮流的前列滑落下来?为什么中国在近代史上一度没能赶上人类创新潮流?

本书第二章进一步强调,中华文明能够长期处在世界创新潮流的前列,既是因为中华文明具有突出的延续性,也是因为中华文明善于自我革新,善于使自己顺应时代发展的需要。中华文明在历史上曾有过多次伟大的变革,其中三次尤其重大：（1）殷周之变夯实了中华文明的礼乐制度和政治理性；（2）周秦之变为中华文明的大一统格局提供了制度保障；（3）近现代之变使中华文明走上了现代化的道路。前两次伟大变革，上一章已经进行了讨论，本章拟进一步讨论中华民族是如何在第三次伟大变革中创新自身的历史文化传统，使自己迈上回到世界创新潮流前列的步伐的。

第一节　近代中国创新能力衰落的原因

15—16世纪，欧洲出现了文艺复兴，又开辟了新航路。16—17世纪，欧洲兴起了宗教改革，爆发了宗教战争。17—18世纪，欧洲发生了启蒙运动。18—19世纪，民族国家体系在欧洲形成。欧洲得以改变自西罗马帝国灭亡以来的长期落后局面，一举遥遥领先于世界其他地区。

与欧洲的高歌猛进截然相反，原本长期领先的中国却在此时逐渐放慢了脚步，被欧洲赶上、反超，甚至远远落在后面。是什么原因造成了这一不幸的现象？中华文明发展到此时，自身出现了哪些问题？

相关研究汗牛充栋。公正地说，我们不能过分苛责前人，毕竟造成这一现象的原因是多方面的，其中很大一部分原因是西方列强残酷地殖民掠夺，在殖民掠夺中迅速积累财富。这条现代化道路，中国不能学，也不屑于学。中国式现代化道路最大的世界性意义恰恰在于，中国人民始终坚持一条独立自主，且不对外扩张的现代化道路。

因此本节仅仅从自身的角度出发，讨论过去中国创新动力衰退的原因，并指出中国传统文化存在哪些瓶颈，需要中国近代仁人志士加以变革。换言之，本节意在指出中国传统文化的瓶颈，恰恰是中华民族近现代创新变革的对象。在本书看来，中国近代创新动力衰退的原因主要可以分为思想意识层面和国家制度层面。

一、创新意识的丧失

创新意识是一个空泛的大话题，它不会凭空产生，更不会凭空丧失。中国自明清以来，创新意识逐渐丧失，既是周边大环境改变的结果，又是没能遏制传统文化当中的许多负面因素所致。以下就这两个方面分别论述。

第一，四海宴安、万国来朝的错觉，导致中国明清以来逐渐失去危机意识，创新能力逐步衰退。

毫无疑问,文明的活力来源于文明的竞争。英国历史哲学家汤因比曾把古往今来的人类文明分为 26 个样本,其中 21 个为正常文明的样本,上自古埃及社会、苏美尔社会、古印度社会,下至今天的西方社会、印度社会。[1]这些文明形态你方唱罢我登场,早先的文明消失了,后期的文明出现了,只有中国社会既是人类文明的揭幕者,又迄今屹立在人类文明的大舞台上。

为什么某个文明成长起来?为什么某个文明衰落下去?汤因比把决定文明兴衰的原因归结为"挑战"和"应战"。挑战来自多个方面,包括国内因素、国际因素、地方因素、国家因素、历史因素、自然因素等等。举凡发展壮大的文明,莫不是成功应对挑战的文明;而衰落失败的文明,则是无力应对挑战的文明。

总之,文明是在挑战的刺激下改变自身,以适应挑战。缺乏必要挑战刺激的文明,往往裹足不前。

在中华文明的幼年时期,中原文化与关中文化相互竞争,两者的交融构成了上古中华文明的基础。中原文化和关中文化之外,还有东面的夷人、西面的羌人、南面的苗蛮和北面的狄人,这些周边族群也在与关中、中原文化相互竞争。到

---

[1] (英)阿诺德·汤因比:《历史研究》上卷,郭小凌等译,上海:上海人民出版社,2016 年,第 36 页。

了春秋时期，来自东方族群的齐国、来自南方族群的楚国、来自东南方族群的吴越，都先后成为当时的霸主，融入中华文明。到了战国时期，各个诸侯国更是竞争激烈，冲突频繁。这促使各国纷纷变法图强，大大推动了中国社会的发展。

即便秦、汉、隋、唐这些大一统王朝，也常常受到北方游牧族群的挑战，也常常吸收北方游牧族群文化的合理部分，并在回应挑战中自我变革，促成军事技术、财政体系等一系列改革。然而来自北方的挑战到了明清时期逐渐跟不上时代发展的需要了。

例如明朝时期，北方蒙古骑兵仍然随时可能南下威胁华北平原，这迫使明朝政府广泛地将火药运用于军事技术，不仅发明出了种类多样的火铳、火炮，更积极吸收西洋技术，制造先进的红夷大炮。但到了清代，革新热兵器对抗草原游牧族群的动力消失了，清军八旗本以骑射见长，当然不再依赖火药武器的革新。

又如清代前期，面临准噶尔汗国的挑战，清政府尚且耗费精力主动搜寻关于准噶尔汗国的多方情报，并试图将这些零散的情报拼接成一幅完整的图画。准噶尔汗国灭亡以后，主动了解外部信息的压力似乎不存在了。1788年、1792年，清政府两次发起反击廓尔喀入侵的战争。在清廓战争期间，清军接触到许多来自英国东印度公司的情报，但这些很有价值的情报被清政府当作南方蛮夷部落而主动过滤掉了。清政府甚至很长一段时间都没有办法将所谓的"披楞部落"（英属印度）与广州通商口岸的英吉利联系起来。

外部压力的弱化造成了明清王朝四海宴安、万国来朝的错觉，封建统治者天真地以为天下已定，沉湎于天朝上国的迷梦之中，不能自拔。1793年8月，英国特使马戛尔尼率团抵达中国，开始了近代史上著名的马戛尔尼使团访华。这本是清王朝了解外部情况的良机，尤其是马戛尔尼使团带来的新式榴弹炮、先进燧发枪以及天象仪、太阳系仪、地球仪等科学设备，并为清朝大员演示了西洋军队的操法，然而所有这些丝毫没能引起清政府的注意。

乾隆皇帝敕谕的方式答复英王乔治三世，开头就傲慢地说道："朕批阅表文，词意肫恳，具见尔国王恭顺之诚，深为嘉许。"可以看出，乾隆皇帝把对方视为臣服于大清的番邦小国，以君主对臣下的口吻和英王对话。另一封答复乔治三世的敕谕中，乾隆说出了那句有名的话："天朝物产丰盈，无所不有，原不藉外夷货物以通有无。"如果说这句还只是自壮声威的门面话，那么接下来一句足以反映出清朝君臣对世界形势的认识水平："特因天朝所产茶叶、磁（瓷）器、丝斤，为西洋各国及尔国必需之物，是以恩加体恤，在澳门开设洋行，俾得日用有资，并沾余润。"[1]

清朝人无法理解西方人为何不远万里前来中国要求通商，在他们看来，西方蛮夷荤腥过重，非有赖茶叶、大黄润肠通便不足以活命。鸦片战争时期，各种"大黄制夷论""茶叶制夷论"层出不穷，就连魏源这类第一批"开眼看世界"的进步人士都不例外，他在《海国图志》中还痛斥，"中国以茶叶、大黄岁数百万济外夷之命，英夷乃以鸦片岁数千万竭中国之脂"[2]。批判英国殖民者倾销鸦片"竭中国之脂"当然没错，但以为中国的茶叶、大黄可以"济外夷之命"就实属天真可笑了。

鸦片战争，清军惨败，被迫签订丧权辱国的《南京条约》，开始沦为半殖民地半封建社会。这本来应该给朝野上下敲响警钟，然而清朝统治阶级依旧活在迷梦之中，对这一屈辱的事件毫无反应。1842年3月，道光帝任命耆英署理杭州将军，4月又授其钦差大臣，会同伊里布一起前赴浙江"招抚英夷"。这一任命就足以反映出当时清朝人对战败的态度——当战败被粉饰为"招抚""羁縻"时，一切妥协让步就都会被视为对番邦蛮夷的格外恩赐。

中英《南京条约》第2款载：

---

1 （清）梁廷枏：《粤海关志》卷23，《续修四库全书·史部·政书类》，上海：上海古籍出版社，2002年影印本，第5A、8A—B页（卷页）。
2 （清）魏源：《海国图志》卷59，长沙：岳麓书社，1998年，第1611页。

> 自今以后，大皇帝恩准英国人民带同所属家眷，寄居大清沿海之广州、福州、厦门、宁波、上海等五处港口，贸易通商无碍；且大英国君主派设领事、管事等官住该五处城邑，专理商贾事宜，与各该地方官公文往来……[1]

将"His Majesty the Emperor of China agrees"翻译为"大皇帝恩准"[2]，多多少少体现了翻译和修辞在政治实践中的巨大力量。正是在"恩准""抚驭"的自我麻痹中，鸦片战争和《南京条约》非但没有起到警钟的作用，反而让清政府以为麻烦解除，可以松一口气了。

三十几年后，1879 年，前驻英法公使郭嵩焘辞官回乡。只因郭氏在日记中赞扬欧洲国家"致情尽礼，质有其文，视春秋列国殆远胜之"[3]，就遭到举国清流的猛烈抨击，行抵长沙之时，长、善两县竟"以轮船不宜至省河，属书阻之"。"士绅至于直标贱名及督抚之名，指以为勾通洋人，张之通衢"，官员"自巡抚以下，傲不为礼"[4]。

学界、媒体对当年中国人"天朝上国"心态的批判，

---

1 王铁崖：《中外旧约章汇编》第 1 册，北京：生活·读书·新知三联书店，1957 年，第 31 页。
2 英文原文转引自茅海建：《天朝的崩溃：鸦片战争再研究》，北京：生活·读书·新知三联书店，1995 年，第 584 页注释 13。
3 郭嵩焘：《伦敦与巴黎日记》，长沙：岳麓书社，1984 年，第 91 页。
4 同 3，附录"归国之后"，第 993 页。

一百多年来从未止息。本书意在进一步强调，中国人不是生来就自高自大，相反，中华民族向来有谦虚谨慎的品质。之所以当年会产生"天朝上国"迷梦，主要原因还在于周边长期缺乏竞争或压力。一旦中华民族感受到来自外部的强有力挑战，盲目自大的心态就会烟消云散，谦虚好学的品质就会占据上风。近代中国仁人志士向西方寻求救国真理的感人故事，就是最好的证明。也就是在向西方学习先进知识的过程中，中国人民得到了马克思主义。

第二，中华传统文化发展遇到了瓶颈，尤其是传统学术思想迷信上古三代的教条，阻碍了中国人追求进步。

不可否认，世界上没有绝对完美的事物，中华文化也不例外。本书第一章已经指出，创新发展的前提是不完满性，正是由于不完满，中华文明才有不断创新发展的可能。外部环境缺乏竞争和压力只是明清中国创新意识衰退的一方面原因，另一方面原因需要从中华传统文化内部去寻找。应当承认，中华传统文化发展到明清时期，遭遇到了很大瓶颈。

公元前134年，董仲舒上书汉武帝建议："诸不在六艺之科孔子之术者，皆绝其道，勿使并进。邪辟之说灭息，然后统纪可一而法度可明，民知所从矣。"（《汉书·董仲舒传》）这就是历史上著名的"罢黜百家，独尊儒术"。从此以后，中国思想史告别"子学时代"，进入长达两千多年的"经学时代"。

虽然，诸子百家丰富灿烂的思想成果不会因为"罢黜百家，独尊儒术"而彻底消失，其中相当一部分融汇进儒家学说，成为经学思想的一部分。正如冯友兰所说："儒家独尊后，与儒家本来不同之学说，仍可在六艺之大帽子下，改头换面，保持其存在。儒家既不必完全制别家之死命，别家亦不必竭力反对之，故其独尊之招牌，终能敷衍维持。"[1]

但是诸子思想如何汇入经学，都不能违背儒家的核心主张，例如君臣父子之伦。对于本书来讲尤为关键的是，儒家的基本立场是"祖述尧舜，宪章文武，宗师仲尼"（《汉书·艺文志》）。传统经学最不言自明的前提就是，上古三代是人类的黄金时代，上古三代的典章制度、圣人言行具有垂法后世的典范效力；一切政治动乱和社会失序都是因为背离了上古三代之道。

于是，春秋战国时期出现的运动变化观，尤其是法家主张的历史进步论彻底退出主流思想。中国人的历史观念逐步开始僵化。

需要强调的是，历史观念的僵化并非一蹴而就，亦非绝无转圜的余地。历朝历代都会出现不少学说，以协调现实需求与六经文献之间的矛盾。比如汉代儒生推崇荀子，荀子有

---

[1] 冯友兰：《中国哲学史》上册，北京：商务印书馆，2011年，第426页。

"法后王"之说,主张"道不过三代,法不贰后王"(《荀子·王制》)。司马迁解释"法后王"时指出:"传曰'法后王',何也?以其近己而俗变相类,议卑而易行也。"(《史记·六国年表》)

又如北宋仁宗时期,王安石上书请求变法,提出了"法先王之意,不法先王之政"的原则:"夫以今之世,去先王之世远,所遭之变、所遇之势不一,而欲一二修先王之政,虽甚愚者,犹知其难也……臣故曰:当法其意而已。法其意,则吾所改易更革,不至乎倾骇天下之耳目、嚣天下之口,而固已合乎先王之政矣。"[1]

王安石极推崇孟子,后来的理学家虽然抨击王安石,但同样极推崇孟子。从唐代后期开始,孟子的地位越来越高,至程朱理学和陆王心学臻于顶峰。荀子偏重礼乐制度,孟子偏重心性道德。礼乐制度是实打实的社会规范,心性道德则属于个人修养层面。宋明理学把经学的重心放到心性道德,就为社会制度规范的变通争取了一定的灵活性。尤其是明代王守仁的心学,强调"致良知",上古圣人之道全都体现在个人心性上头,上古典章制度反而不重要了。

要之,创新在于打破条条框框,打破成规旧俗。然而两

---

[1] (宋)王安石:《上仁宗皇帝言事书》,中华书局上海编辑所编辑:《临川先生文集》,北京:中华书局,1959年,第410—411页。

千年来的经学极端信奉上古三代，给思想施加了层层教条，严重限制了创新思维。好在自汉代以来，中国的进步人士总能想到以各种方式灵活处理上古圣人之道，从经学的束缚中开辟创新发展的空间。没有这些努力，古代中国就很难长期处于世界创新潮流的前列。

然而在明清时期，从经学的约束中开辟创新空间的努力受到了越来越多的限制。明成祖永乐年间，朝廷编订《四书大全》《五经大全》《性理大全》，作为科举取士的标准用书，致使原本在宋代具有批判意义的程朱理学，到了明清时期变得僵化乏味。明宪宗成化年间，朝廷采用八股取士，严重束缚人心。晚明时期，王守仁心学崛起，风靡一时。士大夫把大量精力耗费在毫无用处的静坐顿悟上面，妄图凭借突然的"致良知"就能成圣成贤。清初大思想家颜元曾痛斥，程朱陆王只在心性上做文章，毫不留心实践工作，"无事袖手谈心性，临危一死报君王，即为上品矣"[1]。

明清统治阶级对知识培养十分短视，从明太祖洪武年间开始，国子监取消算学，地方官学随之逐步取消算学，原本长期世界领先的中国数学从此时开始逐步落后。不仅如此，朱元璋、朱棣等人担心民众利用天象造反，甚至严厉打击天

---

[1] （清）颜元：《学辨一》，王星贤、张芥尘、郭征点校：《颜元集》，北京：中华书局，1987年，第51页。

文历法研究，竟先后下令"习历者遣戍，造历者诛死""私习天文者，杖罚一百"[1]。这些短视的举动导致有明一代没有一部好历法，而元代王恂、郭守敬制订的《授时历》经年历久，误差越来越大，至明代后期已不敷使用。

清代基本承袭了明代教育和考试制度的弊端。加上清朝统治者大兴文字狱，以钳天下之口，学者只能埋首于经文考据。尽管清代学者借助考证古代经史取得了许多突破，比如顾祖禹《读史方舆纪要》，促进了地理学发展；又如戴震研究《考工记》，丰富了数学、物理学知识；再如徐松研究《汉书·西域传》，推动了西边边疆史地学的产生。但相较于西方资本主义科学技术的爆炸性增长，清代中国这些零星的知识进步是如此微不足道。

更重要的是，乾隆皇帝开设"三礼馆"，扶持鼓吹君臣父子之伦的礼学，虽然客观上推动了经学研究的进步，但也强化了上古三代典章制度在读书人心目中的神圣地位。如果说当年王安石"法先王之意"的积极作用在于把读书人从上古制度的条条框框中解放出来，那么此时清政府似乎又把读书人推回到上古时期琐碎的制度条文中去了。方东树曾批判乾嘉礼学研究，仅一个"车制"，就"江氏有《考》，戴氏

---

[1] 参见康宇：《论明代数学发展之衰落及其出路的选择》，《自然辩证法研究》2016年第4期，第80页。

有《图》",其余"阮氏、金氏、程氏、钱氏"诸人,"同时著述,言人人殊",其他如冕弁、禄田、赋役等典章制度,"各自专门,亦互相驳斥,不知谁为真知定见?"[1]这些研究交给少数文史专家去做就行了,广大读书人纷纷埋首于此,岂不浪费人才?把那些早在两千多年前就已经过时淘汰的宗法制度当作神圣不可侵犯的准则来顶礼膜拜,又岂能不禁锢思想?

总而言之,世界上本就没有绝对完美的事物,古代中国文化也不例外,两千多年经学时代最大的问题就是迷信上古时代。如果说从两汉至宋元的历朝历代,人们总是在以各种方式灵活处理对上古时代的信仰,以便缩小上古经书和现实需要的差距,那么到了明清时代,灵活变通的空间越来越小了。毫无疑问,中华文化苟欲发展,中华文明苟欲创新,非先打破对上古时代的迷信不可。

二、国家能力的贫弱

除了思想意识层面的僵化以外,明清时期创新动力衰退的更重要原因在于国家制度层面。从表面上看,明朝废除三

---

1 (清)方东树:《汉学商兑》卷下,(清)江藩、方东树:《汉学师承记(外二种)》,北京:生活·读书·新知三联书店,1998年,第405页。

省制，清朝设立军机处，封建皇权大大加强，但实际上皇权不等于国家能力，明清两朝的国家能力是在退化，而不是在进步。这直接表现在财政体制上面。

明清的财政制度是一种非常落后的制度。它的税种比较单一，主要依赖地丁银，占总收入的80%以上，再辅之以盐税、茶税等，以及当时还非常有限的关税。税种的单一带来了很大的问题。

中国人多地少，人地关系紧张。在没有现代化肥、农药及养殖技术的古代社会，每户农民可以榨取出来的税收是十分有限的。明清统治者为了保证农民不造反，不得不采取低税率，并将此作为宣扬"仁政"的典型案例。然而事实上，这导致国家财政收入非常紧张，根本不可能扩张国家机器、完善社会治理。

例如清代康熙五十一年（1712），朝廷谕旨"滋生人丁，永不加赋"，取消了新生人口的人头税。雍正元年（1723），朝廷开始推行"摊丁入亩"，事实上彻底废除了延续几千年的人头税。这意味着在耕地数量和农业生产率大体不变的情况下，国家不可能获得更多的财政来源。清政府的财政收入在乾隆时期达到了一个比较固定的数值，岁入4000万两白银左右。对于中国这样的大国而言，这个收入实际上很少。

因此明清政府不得不采用"量入为出"的政策，根据事实收入情况，把财政支出限制在官俸、兵饷、皇室开支等几个有限的项目上，这严重限制了明清两朝的国家能力。主要后果有三：

其一，国家在应对紧急状况时，能力严重不足。比如大范围自然灾害、大规模叛乱和外敌入侵，清政府都缺乏必要的财政支撑。因此我们看到，无论是张格尔叛乱还是鸦片战争，朝野上下"羁縻"之声不绝于耳，缺钱是最重要的原因。

其二，也是更重要的一点，明清政府缺乏社会治理的必要投入，社会治理异常糟糕，几乎处于放任不管的状态。明末大思想家顾炎武曾痛心疾首地说道：

> 善乎叶正则之言曰："今天下官无封建而吏有封建。"州县之敝，吏胥窟穴其中，父以是传之子，兄以是传之弟。而其尤桀黠者，则进而为院司之书吏，以掣州县之权，上之人明知其为天下之大害而不能去也。[1]

以彼时中国的财政收入状况，根本不可能建立专业化的公务员制度，国家开支仅能提供县级官员的俸禄。这导致地方官员不得不依仗当地胥吏豪强。中国早在商鞅变法和秦始

---

[1] （清）顾炎武：《郡县论八》，华忱之点校：《顾亭林诗文集》，北京：中华书局，1983年，第16页。

皇统一六国时，就建立了职业化的官僚体系，然而直到明清时期，职业化的官僚体系仍然没有办法下达社会基层。"官无封建而吏有封建"是中国传统社会治理始终无法解决的问题。

顾炎武看到了问题所在，但受时代所限，他认识不到造成问题的原因，更无法提出真正能够解决问题的方案。相反，与绝大多数士大夫一样，顾炎武也迷信上古三代，在明知道郡县制不可逆转的情况下，仍然天真地设想"有圣人起，寓封建之意于郡县之中，而天下治矣"[1]。

清王朝建立以后，"官无封建而吏有封建"的问题非但没能解决，反而愈演愈烈。清朝前期，战争频繁，国家急需用钱，而财政收入的总量又不大。这致使朝廷不得不取走绝大部分赋税收入，给地方日常开支的存留极其有限。

例如康熙七年（1668），地方的存留仅占赋税总量的6.4%，换句话说，地方收缴的赋税当中，有93.6%被中央取走了。这一年，总督每月只能拿到8两办公费，知县才1两。地方政府几乎维持不了任何日常工作。在群臣的苦谏之下，康熙九年（1670），朝廷同意将地方存留上调至13%左右。然而不久以后，三藩叛乱，历时整整八年，本就为数不多的地方

---

[1] （清）顾炎武：《郡县论一》，华忱之点校：《顾亭林诗文集》，北京：中华书局，1983年，第12页。

存留再次悉数被朝廷征用。为了维系日常开支，各级地方政府不得不大搞非法摊派，想尽办法通过各种手段敲诈平民百姓。有学者甚至将此称为"地方政府的黑帮化"[1]。

康熙二十年（1681），三藩之乱平定，朝廷才重新上调存留比例至20%左右，自此几成定制。地方财政严重不足，导致康熙时代的地方官员贪污横行、极其腐败。这一状况直到雍正时期才得以好转，清世宗治理腐败，之所以能取得成效，除了他严打贪污以外，更重要的原因是他意识到，地方财政缺口巨大，才是滋生权钱交易的经济基础。雍正二年（1724），朝廷向全国推广"火耗归公"制度，实际上拨给了地方一笔养廉银，以缓解愈演愈烈的非法摊派问题。

这一好转的迹象到了乾隆时期，终于化为乌有。清高宗好大喜功，不仅所谓的"十全武功"共耗费巨资1.5亿两白银，他还多次出巡，又在北京西郊修建三山五园，花钱如流水。为了弥补财政缺口，乾隆皇帝不仅大量收缴原本用于地方养廉的火耗银，更亲自带头搞强行摊派。例如乾隆"巡幸江南"期间，沿途各地官员纷纷进贡奇珍异宝，这些花费统统以非法的形式转嫁到平民百姓头上。[2]

即便如此，仍然无法满足乾隆皇帝的穷奢极欲。在不增

---

[1] 林鹄：《永不加赋的背后》，《读书》2023年第5期，第26页。
[2] 林鹄：《火耗归公及其命运》，《读书》2023年第10期，第74—75页。

加农业税,不影响"仁政"的前提下,为了弥补财政开支的缺口,乾隆皇帝不惜走"盘外招",比如将两淮盐商作为"提款机",通过"捐纳"的形式攫取非法收入。所有这些都大大恶化了官场生态,严重败坏了基层治理,使得大清王朝千疮百孔,从上到下糜烂成风。

其三,严重限制了工商业的发展。从理论上说,低税率有助于刺激工商业的发展,但实际情况并非如此。国家从工商业中获利很少,自然也就没有兴趣发展工商业。既然工商业几乎不提供财政来源,那么"重农抑商"的金科玉律就是不二之选。

清王朝没有制度化、规范化的工商业税种,但地方财政缺口巨大,又不得不伸手向工商业要钱,导致对工商业的非法摊派层出不穷。有关系有门路的工商业主自然受摊派少,没关系没门路的工商业主自然受摊派多。工商业主不得不费尽心思结交官府,这一方面滋生了大量的腐败,另一方面严重破坏了市场规则,扰乱了商业秩序。

一句话,农民靠天吃饭收入微薄,却不得不承担起维系国家财政收入的主要责任;工商业利润丰富,却始终得不到有效管理。这种畸形的国家体制和社会现象不可能为技术创新提供必要的土壤。

明清时期的中国无疑是最接近某些人心目中"小政

府""低税率"的理想社会。然而明清时期中国逐步失去领先地位的基本事实,证明了所谓"自由放任的小政府"根本不可能让一个民族走上现代化的道路,因为这样的政府根本无法为工商业的发展提供必要的资本积累,更无法为新兴行业的产生提供起码的社会治理保障。

对比同时期的欧洲列强,情况更加一目了然。以英国为例,17世纪中期,查理二世统治下的英格兰,税收只占国民收入的3.5%;到了18世纪初期安妮女王时代,税收增长到国民收入的16%;至18世纪后期,激增到国民收入的23%;拿破仑战争时期,更是高达35%![1]

相较于同时期的中国,近代英国不仅税率高,而且税种繁多,有规范化、制度化的关税和工商业税。不仅如此,英国人还发明国债、中央银行等多种财政汲取手段和管理工具。没有高效的财政汲取能力,就不会有强大的国家能力;没有强大的国家能力,就无法推动现代化的进程。

总结上述两方面内容,可以得出结论:中华文明发展到明清时期,遭遇到了瓶颈。一方面,思想意识僵化、教条化,过分迷信上古三代,想要打破思维僵化、教条化的局面,就必须先确立历史进步观念,并把进步的根本原因归结为社会

---

[1] (美)沃尔特·拉塞尔·米德:《上帝与黄金:英国、美国与现代世界的形成》,涂怡超、罗怡清译,北京:社会科学文献出版社,2014年,第173页。

生产。另一方面，国家能力贫弱，财政手段单一，社会一盘散沙，想要改变社会治理空缺的状态，就必先拥有足以把群众组织起来的强大政治力量，并以此建立崭新的、强有力的国家政权。本书的下一章将会指出，只有马克思主义能够完整地提供这两方面的资源，所以只有马克思主义才能够促使中华文明走出瓶颈期，从而迈上现代化的康庄大道。

第二节　殖民掠夺与西方式的现代化

与明清时期创新意识的逐步丧失和国家能力的贫弱衰退形成鲜明对比，西方资本主义大发展，西方主要国家的实力空前增长。

1488年2月，迪亚士发现南非好望角。1492年10月，哥伦布发现新大洲。1498年5月，达·伽马船队抵达印度。1519年8月，麦哲伦率领船队出港，开始了人类历史上的首次环球远航；1522年9月，麦哲伦船队回到欧洲，这次远航证明了地球是圆的。

公正地说，迪亚士、哥伦布、达·伽马、麦哲伦等欧洲航海家是一群凶残暴虐的强盗和刽子手，他们费尽心机出洋远航的目的只是为了财富，而不是平等的文化交流。资助这些强盗冒险远航的西班牙、葡萄牙王室，也完全是为了香料、黄金和传教，而不是任何高尚的目的。宗教狂热和对于财富的贪婪才是欧洲人开辟新航路的动机，给美洲土著和亚洲人民带来了深重的灾难。

然而，欧洲从大航海中获得了天量的财富，来自美洲的黄金、白银、蔗糖，来自亚洲的香料、瓷器、茶叶，不断涌入欧洲，它们深刻改变了欧洲上流社会的生活方式，更为欧洲带来了价格革命。欧洲资产阶级在财富掠夺的过程中崛起了。其中得利最大的并不是率先开辟新航路的西班牙、葡萄牙王室，而是位于欧洲大陆西北角的尼德兰，那里有通往欧洲大陆的天然良港。

西班牙人、葡萄牙人辛辛苦苦从美洲掠夺白银，从非洲掠夺黄金、象牙，从亚洲掠夺香料、茶叶和瓷器，这些都会源源不断地流向尼德兰，再通过尼德兰，分配到欧洲各地。

全球贸易的独特地位为尼德兰奠定了充足的物质基础，使那里有条件发展出近代意义上的金融市场。关于这一点，著名历史学家费尔南·布罗代尔讲得很清楚：

> 尼德兰对查理五世的帝国来说，不只是一个练兵场，

还是一个金钱市场。通过这个市场，美洲的贵金属在尼德兰进行重新分配，分别流向德意志、北欧和不列颠群岛。这种再分配对欧洲的经济活动起着决定性的作用，欧洲的经济活动毕竟并不是完全自发产生的。因此，一种交换、流通和银行放贷系统终于建立起来，以位于埃斯科河出海口的安特卫普城为起点，逐渐向上德意志、英格兰乃至里昂延伸。[1]

布罗代尔所说的安特卫普，位于今天的比利时境内，是当时欧洲最富有的城市。

暴富起来的尼德兰新兴资产阶级很快便不能忍受西班牙哈布斯堡王朝对他们的统治了。1566年，尼德兰爆发反抗哈布斯堡王朝的起义，这是人类历史上第一场资产阶级革命。1609年，新继位的西班牙国王腓力三世被迫与尼德兰北部的荷兰共和国签订《休战协定》，荷兰取得了事实上的独立，资产阶级革命取得了成功。

脱离哈布斯堡王朝控制的荷兰迅速崛起，成为人类历史上第一个全球海洋霸权国家。接踵而起的是英、法等国。18世纪后期，英国率先爆发了工业革命，先是棉纺织工业，再

---

[1] （法）费尔南·布罗代尔：《菲利普二世时代的地中海和地中海世界》，唐家龙、曾培耿等译，吴模信校，北京：商务印书馆，1996年，第715页。

带动了煤炭、冶金、交通运输等各个工业部门，英国由此成为"世界工厂"。工业革命不仅深刻地改变了英国国内的社会结构，为英国培养了全世界第一支产业工人大军，使工人阶级登上了历史舞台，更深刻地改变了欧亚两大洲的贸易结构。

过去亚洲是奢侈品的原产地，欧洲是奢侈品的消费地，欧洲各国的东印度公司总在试图垄断贸易渠道，赚取中间差价；现在欧洲升级为廉价工业品的产地，而亚洲沦落为商品输出的市场。欧亚两洲在世界贸易天平上的分量颠倒了。关于工业革命带来的欧洲贸易格局的变化，马克思曾说道：

> 不列颠入侵者打碎了印度的手织机，毁掉了它的手纺车。英国起先是把印度的棉织品挤出了欧洲市场，然后是向印度斯坦输入棉纱，最后就使英国棉织品泛滥于这个棉织品的故乡。[1]

如果说工业革命以前的欧亚贸易，主要是欧洲人通过掠夺亚洲，以积累自己的财富，那么工业革命以后的欧亚贸易，则是亚洲彻底沦为欧洲的附庸。近代中国也没能摆脱这样的

---

[1] （德）马克思：《不列颠在印度的统治》，《马克思恩格斯文集》第2卷，北京：人民出版社，2009年，第680—681页。

厄运。

1789年，法国爆发大革命。这场革命扫荡了欧洲大陆的封建生产关系，其最大的成果是使民族国家迅速成为欧洲政治舞台的主角。19世纪，欧洲民族国家体系迅速形成，主要民族国家间的竞争日趋激烈。这又很快改变了资本扩张和掠夺的方式——资本扩张与民族国家形式紧密地绑定在了一起。西方资本主义迎来了帝国主义时代，中国则一步步陷入半殖民地半封建社会的深渊。

如果说在前帝国主义时代，西方列强掠夺中国的主要方式是逼迫中国开放沿海通商口岸，进行商品输出，那么进入帝国主义时代以后，西方列强就把魔爪伸向了中国内陆深处，通过修铁路、开矿山以及大规模银行借款的方式进行资本输出。中国的国家主权由此遭到了彻底破坏，中国国内各个地区分别沦为帝国主义国家的势力范围，军阀割据的经济基础就此形成。

综上所述，殖民掠夺为西方列强带来了天量的财富，使得西方主要国家可以在短短三百年时间内创造出远远超过人类以往历史总和的巨大生产力。尤其进入19世纪以后，欧洲迅速完成了民族国家化的进程，至19世纪70年代以后，垄断资产阶级形成，帝国主义登上了历史舞台，开始了瓜分世界的狂潮。

在西方列强的入侵和掠夺之下，中华民族遭受了"三千年未有之大变局"，陷入了深重的民族危机。中华民族的韧性在危急时刻展现得淋漓尽致，近代中国虽然远远落后于世界创新潮流，中华文明却因此开始了对自身的创新变革。

第三节　近代中国人变革民族传统的尝试

面对这种民族危机的局面，一代代仁人志士抛头颅洒热血，走上了奋发图强的抗争道路。如果说洋务运动还在尝试在不变革中国自身政治和文化传统的前提下求富求强，那么自戊戌变法以后，中国进步人士就开始思考如何革新本民族的传统了。

第一批站出来反思并改造中华传统文化的人是资产阶级维新派，例如这一派的代表人物康有为。早在1887年，康有为就尝试在家乡广东省南海县组织开设"不缠足会"，致力于废除妇女缠足的丑陋习俗。这次尝试很快因当地民众的反对而宣告失败。1895年，康有为携其弟康广仁再次在广东成立"粤中不缠足会"，康氏以身作则，令女儿康同薇、康同璧带头放足，一时声名大噪。1898年戊戌变法开始后，维新派志士更奔走呼号，呼吁废除妇女缠足的恶习，颇有声势。可惜百日维新失败后，全国各地的"不缠足会"在顽固势力的反攻倒算面前败下阵来，纷纷关停。

反对妇女缠足只是康有为改革中华传统文化的具体实践案例之一。更重要的是，康有为创设了一整套变法理论，直接向僵化的传统思维开炮。与两千多年前的法家一样，康有为也以历史进步论作为变法的哲学依据。区别只在于，康氏没能像商鞅、韩非那样公开宣传历史进步论，而是将其隐藏在古老经学的外衣之下。

按照康有为的理论，当年孔子之道流传下来分为两派：一派是正传，由孟子继承，其学说主要记载于《春秋公羊传》《礼运》等少数今文经典当中；另一派是旁门，由荀子继承，其学说分布在大多数儒家经典当中。正传派继承了孔子晚年成熟时期的真正理想，认为《礼运》记录的大同之世是人类未来的发展方向。旁门派则继承了孔子早年不成熟时期的观点，认为周礼才是人类社会所应遵循的基本准则，上古三代才是人类社会的典范时代。

在康氏看来，西汉末年，大学者刘歆为了帮助安汉公王莽篡夺汉朝的皇位，不惜捏造古文经书，把荀子一脉的旁门派说成是孔子的正传，而使真正继承孔子晚年成熟思想的大同学说隐没不彰。尽管王莽最终失败了，但刘歆捏造的儒学理论流传了下来，千百年来成为读书人奉若圭臬的经典。中国近两千年来总是离不开朝代更替、治乱循环，而不能更进一步，走上历史进化的康庄大道，根本原因就是中国读书人错误地把上古三代当作典范，而没有察觉大同之道才是孔子真正的理想所在。

康有为自诩他才是真正让湮没近两千年的孔子大同之道重见阳光的人。在他看来，孔子才是真正的历史进步主义者，而不是崇拜上古时代的复古主义者。在康有为的振臂高呼下，梁启超、谭嗣同、夏曾佑等维新派志士纷纷高唱起"孔子改制"的论调来。

例如谭嗣同进一步宣称："我国不惟好以中国骄人，且又好以夷狄诋人，《春秋》之所谓夷狄中国，实非以地言，故进于中国则中国之，流于夷狄则夷狄之。惟视教化文明之进退如何耳。"[1] 既然孔子是历史进步主义者，那么区分"夷狄""华夏"就应该是文明进步程度，谁越发达，谁越有资格成为"华夏"，反之，谁越落后，谁越应该沦为"夷狄"。梁启超更是强调"中国亦新夷狄也"，"然则吾方日兢兢焉求免于《春秋》所谓'夷狄'者之不暇，而安能夷人？而安

---

1 （清）谭嗣同：《论学者不当骄人》，《谭嗣同全集》，北京：生活·读书·新知三联书店，1954年，第131页。

能攘人哉？"[1]

维新派志士开启了中国近代思想文化变革的先声，他们的功绩在于确立历史进步观念。但他们的缺陷也十分明显，他们把历史进步的原因归结为孔子、孟子等上古圣人的天才规划，而缺乏全民族进步的视野。

百日维新失败以后，梁启超等人被迫流亡日本，各种新思想、新学说扑面而来，令其眼花缭乱，应接不暇。"自此居日本东京者一年，稍能读东文，思想为之一变。"[2] 正是在新思想的冲击下，梁启超逐渐放弃了老师康有为那套"孔子改制"学说，不再把历史进步看作上古圣人的天才设想，转而提倡全民族的进步史观。比如梁氏旗帜鲜明地批判中国"旧史学"有四大弊病："知有朝廷而不知有国家""知有个人而不知有群体""知有陈迹而不知有今务""知有事实而不知有理想"；提倡将来中国的新史学应当以中华民族的文明进步为叙事线索，"历史者，叙述人群进化之现象，而求得其公理公例者也"[3]。

应当说，梁启超等人在当年就提出中国历史学应该以中

---

[1] 梁启超：《〈春秋中国夷狄辨〉序》，汤志钧、汤仁泽编：《梁启超全集》第1集，北京：中国人民大学出版社，2018年，第251页。

[2] 梁启超：《三十自述》，汤志钧、汤仁泽编：《梁启超全集》第4集，北京：中国人民大学出版社，2018年，第110页。

[3] 梁启超：《新史学》，汤志钧、汤仁泽编：《梁启超全集》第2集，北京：中国人民大学出版社，2018年，第498—499、504页。

华民族的文明进步为研究对象,是非常具有洞见的。然而,他们的缺陷在于没有充分认识到历史进步是建立在社会生产力发展和生产关系变革这些经济基础之上的。更重要的是,梁启超错误地认为,中华民族的进步,"不在大多数之小民,而在既有思想之中等社会";又搬出西方的"先进"经验,认定"泰西革命之主动,大率在中等社会,盖上等社会则其所革者,而下等社会又无革之思想、无革之能力也"[1]。他没有意识到劳动人民才是民族进步的主要力量。

相比之下,革命党人对于下等社会的态度更为积极。历史学家陈旭麓曾区分改良派与革命派对待下等社会的不同态度:

> 作始于洋务运动而登场于甲午战争后的改良派曾寄希望于"上等社会",他们看不起"下等社会",极言革命之祸以推动清廷变法,并赋予变法以防止"下等社会"揭竿而起的意义……直到20世纪初年的"中等社会",才认识到"中等社会"必须以"下等社会"为依托,为根据地,并自信有能力领导"下等社会"进行"积极之

---

[1] 梁启超:《新民说·论政治能力》,汤志钧、汤仁泽编:《梁启超全集》第2集,北京:中国人民大学出版社,2018年,第659页;《中国历史上革命之研究》,汤志钧、汤仁泽编:《梁启超全集》第4集,北京:中国人民大学出版社,2018年,第274页。

破坏","有秩序的革命"。尽管这种认识仍然是不明晰的、朦胧的,"中等社会"也并没有真正把"下等社会"发动起来,但它却使"中等社会"和"下等社会"有了一定的联系。[1]

这个概括是比较准确的。在革命派群体当中,也有少数例外,比如革命思想家章太炎曾撰写《革命之道德》(后改题为《革命道德说》),划分各类人群的道德水准。

章氏旗帜鲜明地指出,"农人"和"工人"最具有道德品质。"农人于道德为最高,其人劳身苦形,终岁勤动,田园场圃之所入,足以自养,故不必为盗贼,亦不知天下有营求诈幻事也……工人稍知诈伪,桔橰之器,绵薄之材,有时以欺市人,然其强毅不屈,亦与农人无异。"[2] 因此农民和工人应该是中国革命和社会变革最可以依靠的对象,是中国历史变革的中坚力量。

农民、工人之下是"裨贩","其高者乃往往有游侠之风,恤贫好施,金钱飞洒,然诪张为幻之事,亦稍以益多矣"。再往下是"坐贾","其朴质不逮农工,其豁达不逮裨贩,

---

[1] 陈旭麓:《近代中国社会的新陈代谢》,上海:上海人民出版社,1992年,第276页。
[2] 章太炎:《革命道德说》,徐复点校:《章太炎全集》第4册,上海:上海人民出版社,1985年,第280—281页。

以啬为宝，以得为期，然不敢恣为奸利，懋迁有无，必济以信，其有作伪罔利者，取济一时，久亦无以自立"[1]。"裨贩"是城市小资产阶级，"坐贾"则是工商业资产阶级，他们虽然不像农民、工人那样立场坚定，但同样受到帝国主义和封建地主阶级的双重压迫，具有鲜明的革命性，是革命或变革的辅助力量。

工商业民族资产阶级之下才是"学究""艺士""通人"，这三类人是知识分子，是中间派。表面上他们饱读诗书，实际上立场游移不定，革命派与反动派哪边势力强，他们就会倒向哪边。知识分子往下则是"行伍""胥徒"，这两类人是流氓无产者，他们原本出身工农，却身处旧军队或依附旧官僚，是革命必须加以改造的对象。流氓无产者往下是"幕客"和"职商"，这两类人原本出身知识分子，或是直接依附封疆大吏，或是借助"商会"之类的旗号与官府勾结，是统治阶级的走狗爪牙，更是革命必须加以防范改造的对象。

接下来如"京朝官""方面官""军官""差除官"分别是中央大员、地方大员、军阀以及各种临时性差遣官，他们是统治阶级的中坚力量，是理所当然的革命对象。道德品质最为低下的则是充当帝国主义走狗买办的"雇译人"，"则

---

[1] 章太炎：《革命道德说》，徐复点校：《章太炎全集》第4册，上海：上海人民出版社，1985年，第281页。

复为白人之外嬖,非独依倚督抚而已"[1]。

应当承认,章太炎早在清朝末年就写出分析中国社会各阶级的文章,是非常具有前瞻性的。往后中国革命道路依靠谁、团结谁、反对谁,几乎与章氏的预言如出一辙。稍显遗憾的是,章太炎没有科学地分析上述十六类人群背后的经济基础,仅以抽象的道德标准评估他们的革命性或反动性,多少显得理论深度不足。

总体而言,从戊戌变法到辛亥革命,中国近代进步人士确立了进步史观,形成了较为完整的现代民族观念,也开始逐步意识到劳动人民才是中国社会变革和中华文明新生的决定性力量。他们的缺陷是,在理论上没有认识到历史进步的经济基础是什么,在实践中没有能力发动和组织劳动人民。这些缺陷需要通过马克思主义的理论指导,需要通过强有力的无产阶级政党,才能得到纠正和完善。

值得一提的是,辛亥革命期间,许多长期被压抑的民族传统得到了复活,得以重见天日。章太炎、刘师培(后变节)等人既是革命思想家,又是国学大师,既有明确的现代革命理论,又对中国传统文化具有深入的研究。在他们的影响下,一批青年思想家成立了国粹学派。国粹学派分为两个部分,

---

[1] 章太炎:《革命道德说》,徐复点校:《章太炎全集》第4册,上海:上海人民出版社,1985年,第283页。

一个是黄节、邓实等人在上海成立的国学保存会，另一个是章太炎在东京创办的国学讲习会。

国粹学派明确主张对中华传统文化去芜存菁、刷垢磨光，使中华文化重新焕发出耀眼的光芒。在他们看来，欧洲的现代化开端于文艺复兴，文艺复兴的实质是通过恢复古希腊罗马的思想文化艺术，批判中世纪教会的经院哲学。中国古代大有足以比肩古希腊罗马的璀璨思想，例如先秦诸子百家相较于苏格拉底、柏拉图、亚里士多德、西塞罗、塔西佗等古希腊罗马思想家更胜一筹。可惜这些丰富的思想与学术在两千多年的经学时代中被埋没了，当务之急是将它们重新发掘出来，加以研究和传播。邓实便号召道：

> 十五世纪，为欧洲古学复兴之世，而二十世纪，则为亚洲古学复兴之世。夫周秦诸子，则犹之希腊七贤也。土耳其毁灭罗马图籍，犹之嬴秦氏之焚书也。旧宗教之束缚，贵族封建之压制，犹之汉武之罢黜百家也。呜呼！西学入华，宿儒瞠目，而考其实际，多与诸子相符。于是而周秦学派遂兴，吹秦灰之已死。扬祖国之耿光，亚洲古学复兴，非其时邪！[1]

---

[1] 邓实：《古学复兴论》，《国粹学报》第 9 期，第 1B—2A 页（文页）。

引文所谓的"古学复兴"就是文艺复兴,"古学复兴"是要复兴中华传统文化里头那些长期遭到埋没的先秦诸子思想,发掘其中符合现代科学的元素,例如墨家的物理学思想、法家的政治学思想、名家的逻辑学思想、道家的形而上学思想等。通过复兴古学,引领中华文明的自我更新,使中华文明走上现代化的道路。

国粹学派号召的"古学复兴"影响深远,其骨干成员于民国成立以后大量进入北京大学、北京高等师范学校(今北京师范大学)等大中院校和北洋政府的文教系统。尤其是章太炎在东京创办的国学讲习会,其成员包括朱希祖、钱玄同、周作人、沈兼士、鲁迅等后来的新文化运动骨干。例如吴承仕更在1936年春秘密加入中国共产党,又如章氏大弟子黄侃培养出了范文澜等党的杰出理论家。新文化运动与清末国粹学派具有直接继承关系,新文化运动的英文翻译是"the Renaissance"(文艺复兴),就是"古学复兴",其他诸如文学改良、白话文等主张清朝末年都已经开始实践,到了新文化运动时期进一步发扬光大。

关于戊戌时期的今文经学和辛亥时期的古学复兴,梁启超后来有一个著名的概括,"以复古为解放"[1]。马克思曾精辟地指出:

---

1 梁启超:《清代学术概论》,朱维铮校注,北京:中华书局,2010年,第9页。

一切已死的先辈们的传统，像梦魇一样纠缠着活人的头脑。当人们好像刚好在忙于改造自己和周围的事物并创造前所未有的事物时，恰好在这种革命危机时代，他们战战兢兢地请出亡灵来为自己效劳，借用它们的名字、战斗口号和衣服，以便穿着这种久受崇敬的服装，用这种借来的语言，演出世界历史的新的一幕。[1]

清朝末年，中国进步知识分子对古典学术的复兴正是如此，他们搬出先秦思想家的"名字、战斗口号和衣服"，上演了中华文明自我变革的新篇章。

"古学复兴"的例子证明了中国近现代变革不是全盘西化的变革，不是割断中华文化传统的变革，而是在借鉴西方先进思想的情况下，改造自身的传统，去芜存菁、刷垢磨光，使中华传统文化适应现代社会的需要。

相较于古代中国人，近代中国人求新求变达到了更加自觉的高度。这表现在"青年""少年""学生"从清末辛亥时期得到了前所未有的关注和赞扬。在传统社会，青少年往往意味着不稳重，老成持重才是对一个人的赞扬。但从辛亥时期开始，青少年成了舆论赞扬的对象，青少年意味着青春活

---

[1] （德）马克思：《路易·波拿巴的雾月十八日》，《马克思恩格斯文集》第2卷，北京：人民出版社，2009年，第470—471页。

力，意味着朝气蓬勃。其代表作就是梁启超的名篇《少年中国说》，他批判日本人对中华民族"老大帝国"的称呼，认为"老年人常思既往，少年人常思将来。惟思既往也，故生留恋心；惟思将来也，故生希望心。惟留恋也，故保守；惟希望也，故进取"，"老大帝国"实在是污蔑中华民族沉湎过去、不思进取。梁启超号召建设"少年中国"，歌颂"美哉！我少年中国，与天不老。壮哉！我中国少年，与国无疆！"[1]

梁启超的观点反映了不可逆转的时代潮流——古老的中华文明必将在近代浩大的历史变革中重获青春。十几年以后，陈独秀创办《新青年》杂志，拉开了新文化运动的序幕。新文化运动又为随后爆发的五四运动奠定了思想基础。五四运动是中国新、旧民主主义革命的转折点，是中国工人阶级第一次登上历史舞台。五四运动以后，各种社会主义思潮在中华大地上蓬勃涌现，马克思主义很快脱颖而出，中华民族终于找到了一条通往现代的正确道路。

---

[1] 梁启超：《少年中国说》，汤志钧、汤仁泽编：《梁启超全集》第2集，北京：中国人民大学出版社，2018年，第221、225页。

第四节　小结

通过本章的分析，可以得出结论：创新意味着发展，发展意味着现状的不完满；中华文明具有突出的创新性，意味着中华文明善于发现并革新自身的缺陷。历史走到了明清时期，古代中华文明的缺陷暴露了出来：在思想文化上沉湎于"天朝上国"，迷信上古时代；在国家体制上缺乏整合社会基层资源的能力。这些缺陷导致古代史上长期世界领先的中华民族，到了近代却落后挨打，赶不上时代发展的脚步了。

然而历史同样雄辩地证明，中华民族是一个非常善于自我革新的民族。近代中国人没有自甘于落后的地位，反而积极变革自身的文化传统，他们先是借助"孔子改制"的外衣，打破了对上古时代的迷信，又借助先秦诸子的丰富思想，提出了系统的文化革新主张。

诚然，清朝末年中国进步知识分子变革自身文化传统的努力还有很多缺陷，比如他们没有充分认识到历史进步背后的经济基础，比如改良派没有意识到劳动人民的伟大力量，革命派虽然一定程度上意识到了劳动人民的伟大力量，却没有真正进行发动群众、组织群众的实践。所有这些问题都需要等到马克思主义政党的诞生才能逐步解决。

  尽管如此,清末进步知识分子的努力仍然不容任何贬低,他们的思想和实践直接传承到五四新文化运动,为中国共产党的诞生做好了铺垫和准备。中国共产党人会如何变革中华文明传统?会怎样代表中华文明突出的创新性?请看下一章。

第四章
马克思主义与共产党人的创新

本书前面章节已经讨论，原本长期跻身世界创新潮流前列的中华民族到近代不幸落后了。无可否认，世界上没有完美无缺的事物，创新发展就意味着事物的不完满性。中华文明是世界上最古老，也是最优秀的文明，但无疑也有自身的缺陷和弱点。

从思想意识层面看，古代中国人往往抱有浓厚的复古主义情节，至清代中期以后更沉湎于天朝上国的盲目自信。从国家体制层面看，明清时期中国的财政制度落后，国家对社会资源的汲取能力和对社会基层的动员能力都十分欠缺。尽管中华民族早在两千多年前的战国时代就开始逐步确立职业官僚体系，远远早于欧洲，但职业官僚体系经由两千多年的发展，仍然只发展到县级行政首脑。"官无封建而吏有封建"是中国近代国家能力贫弱的重要表现。

中国想要进一步发展，就必须对本民族历史传统进行创新改造。在思想意识上打破复古主义的桎梏，确立科学的理论指导；在国家体制上建立强有力的政治组织，把处于社会基层的广大劳动人民组织起来。

洋务运动是中国现代化尝试的开端，但洋务派仍然幻想着在不改变中国古代传统的前提下，仅凭吸收西方的军事和工业技术就实现求富求强的目标，这注定要遭到失败。中国进步人士反思和变革自身历史传统的尝试始于戊戌变法，发展于辛亥革命。先是康有为等维新派尖锐批判了传统士大夫对上古三代的迷信，确立了历史进步的观念；再是章太炎等革命派尖锐地批判了旧官僚士绅，萌发了动员中国广大劳动人民的想法。他们的努力为后来中国近现代史的伟大转折奠定了基础。

然而，资产阶级改良派和革命派的思想主张和政治实践又是具有明显缺陷的。比如他们虽然努力破除复古主义的束缚，但他们的历史进步观念并没有完全建立在科学的认识基础之上，尤其是他们没有意识到广大劳动人民创造的社会生产力才是历史进步的物质基础。又如他们虽然产生了动员劳动人民的想法，但并没有付诸具体的实践，更没有创立足以组织和领导劳动人民的政治力量。这注定了资产阶级维新变法和暴力革命都只能接受悲壮失败的命运。

人类历史每一次悲壮失败的变革运动都不会全然没有积极的成果，中华民族在20世纪之交的伟大变革尝试为后来的正确道路扫除了障碍。在辛亥革命余波的荡漾下，中国近代史迎来了新文化运动，而新文化运动为五四运动奠定了思想基础。

在新文化运动期间，1917年，俄国爆发震惊世界的十月革命，建立了人类历史上第一个社会主义政权。"十月革命一声炮响，给我们送来了马克思列宁主义。十月革命帮助了全世界的也帮助了中国的先进分子，用无产阶级的宇宙观作为观察国家命运的工具，重新考虑自己的问题。"[1] 而在随后爆发的五四运动中，工人阶级第一次登上了中国历史的舞台，"表现中国反帝反封建的资产阶级民主革命已经发展到了一个新阶段"[2]。五四运动以后，社会主义思潮在中国迅速流行起来，中国共产党成立的条件已经具备了。共产党的成立是中国历史上"开天辟地的大事变"[3]，"自从有了中国共产党，中国革命的面目就焕然一新了"[4]。

---

[1] 毛泽东：《论人民民主专政》，《毛泽东选集》第4卷，北京：人民出版社，1991年，第1471页。

[2] 毛泽东：《五四运动》，《毛泽东选集》第2卷，北京：人民出版社，1991年，第558页。

[3] 毛泽东：《唯心历史观的破产》，《毛泽东选集》第4卷，北京：人民出版社，1991年，第1514页。

[4] 毛泽东：《全世界革命力量团结起来，反对帝国主义的侵略》，《毛泽东选集》第4卷，北京：人民出版社，1991年，第1357页。

诚然，中国共产党不是从诞生的那一天起就是成熟的、不可战胜的，共产党人正是在一次一次的艰难挫折面前跌倒爬起，总结经验教训，一步一个脚印地走上了成熟的道路，走上了不可战胜的道路。中国共产党的成长本身就是不断创新的过程。中国共产党既是中国的政党，也是马克思主义的政党；中国共产党的创新历程既是对中华文明的创新，也是对马克思主义的创新。

第一节　新民主主义革命的创新实践

中华文明具有突出的创新性，马克思主义也具有与时俱进的理论品格，两者的契合在中国共产党人身上得到了最明显的体现。毫不夸张地说，中国共产党从诞生的第一天起，就在创新马克思主义和中华文明，她在从幼稚走向成熟的过程中，又进一步把对马克思主义的创新和对文明传统的创新推到了新的高峰。以下分别论述新民主主义革命期间，中国共产党人对马克思主义和中华文明传统的创新实践。

一、破除了欧洲中心论的教条

公允地说,马克思主义诞生于欧洲,原本是欧洲无产阶级革命实践的结果。马克思曾指出:

> 无论哪一个社会形态,在它所能容纳的全部生产力发挥出来以前,是决不会灭亡的;而新的更高的生产关系,在它的物质存在条件在旧社会的胎胞里成熟以前,是决不会出现的。[1]

按照马克思本人的设想,无产阶级革命只能在中西欧发达资本主义社会先取得成功,社会主义制度也只能在中西欧生产力发达的社会先建立。如果说欧洲革命的任务是建立社会主义制度,那么亚洲革命的任务仍然是建立资本主义制度。

马克思在给恩格斯的一封信中,甚至担忧将来欧洲社会主义革命成功之时,亚洲的资本主义也将迎来春天,届时孱弱的欧洲社会主义新政权能否抵挡住亚洲资本主义势力的反扑。他忧心忡忡地向恩格斯说道:"我们的困难问题就在:

---

[1] (德)马克思:《〈政治经济学批判〉序言》,《马克思恩格斯文集》第2卷,北京:人民出版社,2009年,第592页。

大陆上的革命是迫切的,而且也马上会带一种社会主义的性质。在大多数的区域中,资产阶级社会的运动还在向上升起,这种一小隅的革命不会必然地被压倒下去吗?"[1]

尽管马克思在生命的最后两三年里,通过对古代公社的研究,也逐渐意识到生产关系完全可能跳跃式发展,他在致俄国革命家维·伊·查苏利奇的信中坦承:

> 从理论上说,俄国"农村公社"可以通过发展它的基础即土地公有制和消灭它也包含着的私有制原则来保存自己;它能够成为现代社会所趋向的那种经济制度的直接出发点,不必自杀就可以获得新的生命;它能够不经历资本主义制度(这个制度单纯从它可能延续的时间来看,在社会生活中是微不足道的)而占有资本主义生产使人类丰富起来的那些成果。[2]

可惜的是,生命没有留给马克思足够的时间去丰富完善他的这些观点。以至于马克思晚年对于"跨越卡夫丁峡谷"的思考很长一段时期内不为人关注——第二国际的社会民主

---

[1] (德)马克思、恩格斯:《马克思恩格斯通信集》第2卷,李季译,北京:生活·读书·新知三联书店,1957年,第402页。
[2] (德)马克思:《给维·伊·查苏利奇的复信》,《马克思恩格斯文集》第3卷,北京:人民出版社,2009年,第576页。

党人更是完全无视了这些重要的思考。

第二国际的理论家,如卡尔·考茨基教条地理解并夸大了"两个决不会"。例如考茨基在第一次世界大战爆发以后,曾写作论文《帝国主义》。他宣称按照马克思有关生产部类和消费部类的划分,可以把世界分为工业社会和农业社会两个部分。工业社会指的是西方发达资本主义国家,它们在全球贸易体系中负责生产商品;农业社会指的是非西方的殖民地半殖民地,它们在全球贸易体系中负责提供生产原料和消费市场。根据考茨基的理论,生产过剩是资本主义工业社会不可避免的内在隐患,一旦生产过剩引发经济危机,资本主义列强就不得不对外向农业社会扩张,以占有更多的外部市场,倾销剩余产品,缓解资本主义的内部危机。正如他所说:"资本主义工业的扩张能力愈强,要求扩展为工业提供食品和原料而且也提供消费者的农业地区的欲望也就愈强烈。"[1]

在考茨基看来,帝国主义只是资本主义向农业社会扩张的激进政策而已。"帝国主义是高度发展的工业资本主义的产物。帝国主义就是每个工业资本主义民族力图征服和吞并愈来愈多的农业区域,而不管那里居住的是什么民族。"[2]欧洲资本主义工业社会向亚洲农业社会的扩张,实际上是将亚

---

[1] (德)卡尔·考茨基:《帝国主义》,史集译,北京:生活·读书·新知三联书店,1964年,第12页。

[2] 同上,第2页。

洲资本主义化的进步过程,只要世界上还存有前资本主义的农业社会,以供资本主义倾销过剩商品,资本主义内部危机就可以得到暂时缓解。只有当资本主义吞并全球最后一片农业社会,将最后一片农业社会彻底资本主义化之际,资本主义内部危机才会迎来总爆发的时刻,无产阶级革命才能够取得最后的成功。对此,考茨基自信地预想人类社会的未来:

> 毫无疑问,在农业国家修建铁路,开采矿山,增加原料和食品的生产,已成为资本主义的生存所必需的了。资本家阶级既然不想自杀,那么它就不会放弃这种做法,任何一个资产阶级政党也不会放弃这种做法。统治农业地区,把那里的居民压抑成无权的奴隶,这同上述要求联系得过分密切,以致没有任何一个资产阶级政党会认真起来反对。只有当这些地区的居民或者资本主义工业国家的无产阶级已经强大到足以粉碎资本主义枷锁的时候,对这些地区的奴役才会结束。[1]

上述引文包含了三层意思:(1)资本主义工业生产必须依赖农业地区的供给,才能维系下去;(2)资本主义大工业

---

[1] (德)卡尔·考茨基:《帝国主义》,史集译,北京:生活·读书·新知三联书店,1964年,第15页。

对于农业地区的殖民掠夺，最终会促使后者工业化；（3）在资本主义大工业消灭世界上最后一片农业地区以前，它都不会最终灭亡。一言以蔽之，资本主义工业生产力越发展，就越接近社会主义。

考茨基强调对外扩张是资本主义缓解内部危机的方式，这当然没有错。考茨基的错误是他只承认资本主义与非资本主义之间的矛盾，而不承认资本主义国家之间的矛盾同样是本质性的矛盾。这导致他错误地认为，帝国主义只不过是当前资本主义国家的临时性政策，未来资本主义还会走向"超帝国主义"的联合。这一切错误的根源则在于，考茨基教条地把历史唯物主义理解为经济决定论、历史决定论，他顽固地说：

> 经济结构是有决定意义的……这种单调的学究式的做法会证明是唯一符合历史唯物主义的做法，而创立历史唯物主义学说正是马克思的最不朽的功绩之一。[1]

在他的理解中，人类历史仿佛是一套按部就班、按照固定程序运转的机械过程，而社会生产力的发展程序已经把革

---

[1] （德）卡尔·考茨基：《无产阶级专政》，王学东编：《考茨基文选》，北京：人民出版社，2008年，第378页。

命的时间表安排得明明白白。如果考茨基是对的，那么革命只不过是固定程序中的某个环节，人的主观能动性又体现在哪里呢？

显然，纷繁复杂的人类历史进程绝不会依照考茨基等德国社会民主党人那种简单的逻辑运行，人在历史发展中的主观能动性是不能被抹杀的。列宁晚年曾嘲笑考茨基等人："他们都自称马克思主义者，但是对马克思主义的理解却迂腐到无以复加的程度。"他补充道："世界历史发展的一般规律，不仅丝毫不排斥个别发展阶段在发展的形式或顺序上表现出特殊性，反而是以此为前提的。"[1]

历史规律并不是一成不变的教条，真正的历史唯物主义者非但不应该迷信任何僵死的教条，反而应该在依据客观形势的基础上充分发挥主观能动性，打破条条框框的束缚。列宁的伟大成就在于，他指出19世纪末20世纪初的资本主义已经与马克思所处的时代有所不同，垄断资产阶级的产生使得资本扩张与民族国家紧密绑定，因此我们不能再抽象地谈论资本的扩张，资本的扩张一定以垄断资产阶级国家，即帝国主义国家的方式进行扩张。

帝国主义国家之间的发展是不平衡的——老牌帝国主义

---

[1] （苏）列宁：《论我国革命》，《列宁最后的书信和文章》，北京：人民出版社，2001年，第35—36页。

国家占有的殖民地多，新兴帝国主义国家占有少。新兴帝国主义国家不会甘心这种局面，它们会起而挑战老牌帝国主义，因此帝国主义国家之间的矛盾同样是本质性的矛盾。正如列宁所说："金融资本和同它相适应的国际政策，即归根到底是大国为了在经济上和政治上瓜分世界而斗争的国际政策。"[1] 他极具洞见地看到，相对弱势的帝国主义国家完全有可能成为资本主义链条上的薄弱环节，成为无产阶级革命率先取得成功的地方。

在列宁《帝国主义是资本主义的最高阶段》（以下简称《帝国主义论》）的指导下，十月革命在俄国取得成功，人类历史上首次出现了社会主义政权。马克思、恩格斯主要重视资本主义社会与非资本主义社会之间的本质性矛盾，主要强调经济基础的决定性作用。

列宁在此基础上进一步看到，在帝国主义时代，主要资本主义国家之间的矛盾同样重要，正是帝国主义之间的矛盾为无产阶级革命的成功创造了薄弱环节。列宁注重发挥革命者的主观能动性，注重运用革命者的积极行动打破历史的成规，创造新的可能。所有这些都是列宁创新发展马克思主义的地方。

---

[1] （苏）列宁：《帝国主义是资本主义的最高阶段》，《列宁选集》第 2 卷，北京：人民出版社，2012 年，第 648 页。

很明显，按照考茨基等德国社会民主党人恪守的教条，中国当务之急是发展资本主义生产力，根本没有资格成立共产党组织。在 1920 年的社会主义论战中，以梁启超、张东荪、张君劢为代表的改良派就拿着德国社会民主党人的教条，否认立即成立无产阶级的必要性。比如张东荪宣称："救中国只有一条路，一言以蔽之，就是增加富力。而增加富力就是开发实业，因为中国的唯一病症就是贫乏。"[1] 梁启超则鼓吹，中国目前的社会主要矛盾不是无产阶级和资产阶级的矛盾，而是"有枪阶级"与"无枪阶级"的矛盾，因此组织"国民废兵运动大同盟"要远比成立无产阶级政党重要。[2]

因此中国共产党的成立本身就是对考茨基等教条主义者的有力反驳。1922 年 7 月 16 日至 23 日，中国共产党召开第二次全国代表大会。《二大宣言》依据列宁的帝国主义理论，指出中国革命是国际反对帝国主义斗争的一部分，中国人民的解放唯有与全世界反帝运动结合起来，才有可能取得成功：

> 中国的反帝国主义的运动也一定要并入全世界被压

---

[1] 张东荪：《由内地旅行而得之又一教训》，左玉河编：《中国近代思想家文库·张东荪卷》，北京：中国人民大学出版社，2015 年，第 143 页。
[2] 梁启超：《无枪阶级对有枪阶级》，《饮冰室文集点校》第 6 集，吴松等点校，昆明：云南教育出版社，2001 年，第 3639 页。

迫民族的革命潮流中,再与世界无产阶级革命运动联合起来,才能迅速的打倒共同的压迫者——国际资本帝国主义。中国劳苦群众要从帝国主义的压迫中把自己解放出来,只有走这条唯一的道路。[1]

在列宁《帝国主义论》的基础上,中共二大创造性地制定了党的最高纲领和最低纲领,区分了实现共产主义和实现民族独立两个不同的阶段。大会提出了反帝反封建的民主革命纲领,提出了无产阶级跟其他被压迫阶级和民族建立统一战线的政策(当时称为"联合战线")。

就国内而言,中国的新民主主义革命是反封建的资产阶级革命,这决定了无产阶级不可能独立完成革命任务,她必须团结农民、城市小资产阶级、民族资产阶级等一系列受封建主义压迫的力量。就国际而言,中国革命又具备反帝国主义、反国际资本主义的性质,是国际共产主义运动不可分割的重要组成部分,因此中国的无产阶级必须团结国际无产阶级、团结一切被压迫的民族解放力量。

自此以后,中国革命具有了明确的斗争目标,马克思主义也具有了鲜明的殖民地半殖民地解放运动色彩。

---

[1] 《中国共产党第二次全国代表大会宣言》,《建党以来重要文献选编》第1册,北京:中央文献出版社,2011年,第127—128页。

二、破除了苏俄城市中心论的教条

在列宁看来,帝国主义之所以是资本主义的最高阶段,是因为帝国主义已经吞噬了一切外部市场,资本扩张已经达到了尽头。因此列宁强调第一次世界大战是资本主义总危机的爆发,资本主义将在这场总危机中彻底崩溃,全世界共产党人马上能在资本主义的废墟上取得成功。

1918年3月,列宁在俄共(布)第七次代表大会上满怀信心地宣布:"国际社会主义革命最终(不是马上)一定会到来,因为它正在到来;它一定会成熟,因为它正在成熟起来,而且会完全成熟。我再说一遍,能把我们从所有这些困难中拯救出来的,是全欧洲的革命。"[1]然而列宁对于形势的估计过于乐观了,1920年8月,华沙战役失败,欧洲革命转入低潮。战后的西方资本主义世界并没有迎来预期中的总崩溃,反而得到恢复。

1921年3月,布尔什维克第十次代表大会通过决议,将国家经济模式由战时共产主义转向新经济政策。当年7月5日,列宁在共产国际第三次代表大会上坦承:

> 还在革命以前,以及在革命以后,我们都是这样想的:

1　(苏)列宁:《列宁全集》第34卷,北京:人民出版社,2017年,第8页。

要么是资本主义比较发达的其他国家立刻爆发或至少很快爆发革命,要么是我们灭亡……可是实际上运动并没有像我们所期望的那样直线地进展。直到目前,在资本主义特别发达的其他大国中,革命还没有到来。[1]

可惜的是,列宁晚年的反省与总结,没有来得及形成系统的理论。

1928年7月17日至9月1日,共产国际第六次代表大会在莫斯科举行。布哈林在大会上作了题为《国际形势和共产国际的任务》的报告。在这场报告的开篇,布哈林就提出了臭名昭著的"第三时期"理论,该理论教条地套用了列宁《帝国主义论》里关于"资本主义总危机"的判断。布哈林把十月革命以后的世界形势分为三个时期:

第一时期,从1917年到1923年,这是资本主义体系发生尖锐危机和无产阶级直接革命的时期,其成果是无产阶级革命率先在俄国取得成功,国际无产阶级有了自己的祖国。第二时期是资本主义濒死之前回光返照的时期,也是国际无产阶级遭受挫折和暂时防御的时期。

第一时期早已过去,如今第二时期马上就要过去,第三时期很快就要来临了。在第三时期,帝国主义和国际无产阶

---

[1] (苏)列宁:《列宁全集》第42卷,北京:人民出版社,2017年,第40页。

级都做好了战斗准备,双方进入了最后决战的时刻。因此布哈林特别强调,当务之急是全世界无产阶级赶紧发起革命暴动,"把反苏战争变成反对帝国主义政府的国内战争,变成保卫苏联的战争"[1]。

在"世界革命总决战"和"武装保卫苏联"的旗号下,布哈林这样"指导"中国革命:民族资产阶级已经彻底"转向反革命营垒,同封建主结成联盟,同帝国主义强盗实行妥协"了,中共既要全面反对本国资产阶级,也要反对封建地主阶级和帝国主义势力,"准备迎接新的革命高潮"[2]。

平心而论,当时的中国革命正在迎来新的转机。1928年4月底,朱德、毛泽东率领工农红军在井冈山会师,成立了中国工农红军第四军。中国共产党人正在开始探索一条"农村包围城市"的新道路。这样重大的实践探索到了他布哈林嘴里变成了什么呢?"举行了没有成功的起义。"[3]

总之,共产国际对于列宁帝国主义理论的教条化理解,对于苏俄"城市中心论"经验的盲目推崇,给中国革命带来了"左"倾盲动主义错误,使得刚刚渐入正轨的中国革命遭受了难以估量的损失。

---

[1] 《国际形势和共产国际的任务》,《国际共产主义运动历史文献》第48卷,北京:中央编译出版社,2019年,第340页。

[2] 同1,第337页。

[3] 同1,第351页。

诚然，1929 年 7 月，共产国际执行委员会第十次全会通过了《关于布哈林同志的决议》，解除布哈林的共产国际执行委员会主席团委员的职务。1929 年 11 月，联共（布）中央撤销了布哈林的中央政治局委员职务，从而把布哈林排除出了最高决策层。但"左"倾盲动主义错误并没有因为布哈林的离任而消失，相反，它仍在一段时期内愈演愈烈。1931 年 1 月 7 日，中共在上海召开了六届四中全会。共产国际代表米夫一手策划了这次会议。在米夫的操纵下，王明发表了题为《两条路线》的报告，这篇报告后来更名为《为中共更加布尔塞维克化而斗争》。

王明猛烈抨击了李立三的"左"倾冒险主义错误，但他不是说李立三太"左"了，而是说李立三太"右"了，是以"左"的词句掩盖"右倾机会主义"。不仅如此，王明还猛烈批判了瞿秋白、周恩来纠正"立三路线"的工作犯了"调和主义"的错误。米夫、王明主导的六届四中全会非但没有纠正过去的"左"倾盲动主义和冒险主义错误，反而使这些错误更加极端化。

王明的"左"倾教条主义错误给中国革命造成了深重的灾难——不仅使白区党组织损失殆尽，更造成中央苏区第五次反"围剿"斗争的失败，使中国工农红军被迫开始艰难的二万五千里长征。王明"左"倾教条主义的失败证明了苏俄模式不适合中国的实际情况，中国革命必须走出一条列宁本人未曾设想的新道路。这条道路就是"农村包围城市"，并建立广泛统一战线的道路。

中国共产党对于马克思主义的创新，依据的是中国自身实际情况和自身文化传统，因此我们完全可以说，马克思主义不仅创新发展了中华文明，中华文明传统也创新发展了马克思主义。中国共产党的实践活动本质上是中华文明传统与马克思主义科学真理相互促进、互相提升的双向过程。

三、对中国社会基层的移风易俗

中华传统文化对新民主主义革命具有不可替代的重要作用。在抗日战争期间，毛泽东同志曾总结五四新文化运动的经验教训，他指出："那时统治阶级及其帮闲者们的文章和教育，不论它的内容和形式，都是八股式的，教条式的。这就是老八股、老教条。揭穿这种老八股、老教条的丑态给人民看，号召人民起来反对老八股、老教条，这就是五四运动时期的一个极大的功绩。"他接着说道，"到后来就产生了洋八股、洋教条。我们党内的一些违反了马克思主义的人则发展这种洋八股、洋教条，成为主观主义、宗派主义和党八股的东西。这些就都是新八股、新教条。"[1]

王明"左"倾教条主义的惨痛教训已经充分证明了，照搬洋教条、洋八股对中国革命造成的危害丝毫不亚于那些土教条、土八股。中国革命是立足于中国实际情况的革命，必须走自己的路，走马克思主义中国化的道路。1938年10月，毛泽东在论述共产党人在抗日民族战争中的地位时就强调：

> 马克思列宁主义的伟大力量，就在于它是和各个国家具体的革命实践相联系的。对于中国共产党说来，就是要学会把马克思列宁主义的理论应用于中国的具体的环境。成为伟大中华民族的一部分而和这个民族血肉相联的共产党员，离开中国特点来谈马克思主义，只是抽象的空洞的马克思主义。[2]

很显然，"中国的具体的环境"离不开中华民族悠久的历史传承。换句话说，中国实际情况一部分是由西方帝国主义造成的，另一部分则是继承自本民族古老的传统。毛泽东

---

[1] 毛泽东：《反对党八股》，《毛泽东选集》第3卷，北京：人民出版社，1991年，第831页。

[2] 毛泽东：《中国共产党在民族战争中的地位》，《毛泽东选集》第2卷，北京：人民出版社，1991年，第534页。

曾告诫全党同志：

> 我们这个民族有数千年的历史，有它的特点，有它的许多珍贵品。对于这些，我们还是小学生。今天的中国是历史的中国的一个发展；我们是马克思主义的历史主义者，我们不应当割断历史。从孔夫子到孙中山，我们应当给以总结，承继这一份珍贵的遗产。[1]

继承中华文明数千年历史文化的珍贵遗产不是原封不动地照搬它，而是以马克思主义的眼光加以取舍，加以改造，使之符合中国革命的需要。

中国革命以人民战争的方式，走"农村包围城市"的道路。但中国共产党领导的人民战争不是旧式农民战争，而是一场推翻三座大山的政治革命。中国革命既是一场针对日本帝国主义，针对大地主大资产阶级的政治革命，又是一场改造农民，改造农村封建生产关系的社会革命。这就要求共产党人既是现代的，又是乡土的，既保证现代的方向，又扎根乡土，用现代的理论改造乡土，用乡土的实践发展理论。

乡土性意味着中国共产党人始终依托于中华文化传统，

---

[1] 毛泽东：《中国共产党在民族战争中的地位》，《毛泽东选集》第 2 卷，北京：人民出版社，1991 年，第 533—534 页。

在中华文化传统中改造传统,发展传统。1940年初,华北联合大学的进步青年高鲁被组织分配到一二〇师战斗剧社工作。他在当年4月13日的日记里,记载了山西省忻州地区岢岚县的二区基层民主生活会情况。高鲁写道:

> 在对内工作方面,区长建立了一套制度:每晚有政治研讨会、生活检讨会、批评会,使这些会成为规律性的政治教育。主要讨论目前政治形势,为了提高文化水平还加强了识字教育……许多人学习很努力,拿沙盘每天记3个字。有个儿童每天读报给大家听,教唱歌,还组织大家进行文化娱乐活动,是个小先生。
>
> 开讨论会的内容有:民主政治、投降派、新政权等讨论非常活跃。每晚有干部小组会(五人一组),每天检查工作,报告工作,布置工作。一星期两次行政委员会议。举办了妇女训练班。召开了"一二·八"大会,把4个大编制村的老百姓都召集起来,传达事先召开的村间长联席会议的精神。在这次会上,切实地优待了抗属,救济了贫民和难民,动员老百姓参军。[1]

---

[1] 高鲁:《高鲁日记》,理京、理红整理,呼和浩特:内蒙古大学出版社,2004年,第94—95页。

值得注意，二区区长李光清还是位女同志。妇女当区长、民主生活会开到最基层、普通群众拿沙盘学写字，这才是真正意义上的启蒙运动，是普通群众参与进来的启蒙运动。

上述例子只是中国新民主主义革命涌现出来的一个微不足道的案例，类似的例子有如恒河沙数，不可计量。中国共产党人正是在这类点点滴滴的日常群众工作中移风易俗，改造封建传统，使健康积极的新文化遍布社会最基层。

如果说马克思主义理论为中华民族带来了科学的进步史观，纠正了过去的复古主义缺陷，那么中国共产党人的实践则在历史上第一次真正把劳动群众组织起来，使劳动群众开始走上现代化的道路。自此"民族独立，人民解放"有了着落，中国人民的现代化道路有了方向。

在这个过程中，中国共产党人创造了一个又一个理论体系，不仅大大深化发展了马克思主义，使马克思主义真正具备了亚非拉殖民地半殖民地或战后第三世界的理论视野，更使中华文明真正迎来了她两千多年来的最大一次创新。

第二节　毛泽东思想的哲学创新

马克思、恩格斯是马克思主义理论的开创者,但不是终结者。前文已经指出,列宁极大地创新发展了马克思主义理论,使马克思主义适合于帝国主义时代的新需要。同理,列宁也有尚未解决的理论问题,毛泽东等老一辈中国共产党人极大地创新发展了马克思主义理论,使马克思主义适合于中国乃至亚洲殖民地半殖民地解放运动的新需要。

1937年8月,抗日军政大学第三期开学。具有历史意义的是,毛泽东在本期抗大课堂上教授了哲学课程《辩证法唯物论》,其"讲授提纲"的第2章第11节和第3章,分别成为后来指导中共工作的重要哲学著作《实践论》和《矛盾论》(以下简称"两论")。"两论"是毛泽东思想的哲学基础,是毛泽东思想对马克思主义哲学理论创新的集中体现。我们在理解"两论"时,不能仅从文本到文本,必须结合历史背景,才能明白毛泽东同志撰写"两论"解决了什么重大理论问题。

一、统一战线与《矛盾论》的哲学创新

1927—1937 年是中国近现代史上的"国共十年内战"时期。1927 年 4 月 12 日，蒋介石悍然发动反革命政变，双手沾满了共产党人的鲜血。全面抗战爆发后，中国共产党人要跟过去苦斗十年的凶恶敌人合作，首先在感情上就难以接受，其次在理论上也缺乏指导。

《共产党宣言》有过经典论断：在资本主义时代，"整个社会日益分裂为两大敌对的阵营，分裂为两大相互直接对立的阶级：资产阶级和无产阶级"[1]。不是资产阶级压迫无产阶级，就是无产阶级反抗资产阶级。旧中国是一个半殖民地半封建社会，中国的无产阶级不仅受到本国民族资产阶级的剥削，更受到帝国主义和封建地主阶级的双重压迫。

蒋介石集团属于大地主大资产阶级的代理人，是革命的首要对象之一。要跟阶级敌人联合，这在国际共产主义运动史上是从来没有过的事情，既往的马克思主义经典也从来没有给出过相关的论述。如果不在理论上解决这些问题，中国新民主主义革命的合法性就会受到质疑，未来的工作就没有办法顺利展开。

按照马克思所述的历史唯物主义：社会存在决定社会意

---

[1] （德）马克思、恩格斯：《共产党宣言》，北京：人民出版社，2014 年，第 28 页。

识，经济基础决定上层建筑。人类历史的主线是生产关系与生产力的辩证运动，是生产关系在生产力发展条件下自我否定的过程。共产主义是生产关系发展的顶点，是生产力高度发达的产物，人类历史就是朝着这个预定目标不断前进的过程。

然而随着斗争形势的发展，马克思的经典论述出现了许多亟待澄清的地方。从逻辑上看，资本主义的发展水平越高，越接近于社会主义；只要资本主义的生产力还没有完全发挥出来，资产阶级就具有进步性，无产阶级就不可能真正战胜资产阶级。循此教条，无产阶级只能等待资本主义生产力的自然发展，直到资本主义生产力发展走到终点的时刻，再给予它最后一击。

前文已经指出，考茨基等德国社会民主党人正是死守这些教条，否定俄国的无产阶级革命，并向本国资产阶级妥协。然而历史雄辩地证明，人类社会的发展不会按部就班地遵循某个抽象的教条，发达资本主义国家的资产阶级统治更加稳固，反而是它的薄弱环节出现了革命。

更重要的是，日本的资本主义发展水平远远高过中国。马克思在《不列颠在印度统治的未来结果》一文中曾预言，英国殖民主义者在印度开矿山、建铁路，变革了印度的生产关系，为未来印度民族的独立奠定了物质基础。[1]历史诚然证明了马克思的伟大洞见，但中印国情不同，如果盲目地将他对印度的分析套用到中国头上，则中国人民反对帝国主义侵略的合法性和必要性将难以立足。事实上，大汉奸汪精卫正是以中国生产力落后为由，宣称中日之间的战争是"弓箭对抗机关枪"。汪精卫等人鼓吹日本是先进的资本主义工业国，日本的侵略能够为中国带来现代化变革，以此方式为其卖国主张涂脂抹粉。

这就是毛泽东撰写《矛盾论》的历史背景，也是《矛盾论》必须解决的理论问题：与蒋介石集团组成抗日民族统一战线需要理论指导，反击投降派、妥协派的卖国主张也需要理论指导。照搬过去的理论教条不足以解释当下发生的新问题、新状况，中国共产党人必须有自己的新理论、新哲学。

《矛盾论》的核心哲学观点有三条：（1）主要矛盾决定次要矛盾；（2）矛盾的主要方面决定次要方面；（3）主次矛盾和矛盾的主次方面在特定条件下相互转化。这意味着什么呢？

西安事变标志着中国人民与日本帝国主义之间的矛盾上升为中国社会的主要矛盾，抗战胜利又标志着中国人民与大

---

[1] （德）马克思：《不列颠在印度统治的未来结果》，《马克思恩格斯文集》第2卷，北京：人民出版社，2009年，第685—691页。

地主大资产阶级之间的矛盾上升为主要矛盾。如果我们不能把握住主次矛盾的转化，不能占据矛盾的主要方面，反动阶级就要取胜，历史将会走向另外一个方向。

在《矛盾论》的叙述中，生产力不一定总是起决定性作用，历史也未必总是朝着预设的目标前进，真正起决定作用的是当前的形势，是社会主要矛盾的变化。《矛盾论》赋予了历史唯物主义更加丰富的内涵和外延，也为人们最大限度发挥主观能动性提供了空间。后来法国马克思主义理论家阿尔都塞便盛赞《矛盾论》是伟大的辩证法杰作，证明了历史唯物主义不是"一元论"线性史观，而是"复杂整体具有一种多环节主导结构的统一性"[1]。

总之，《矛盾论》精辟地揭示，日本的社会生产力更发达，但不代表它具有先进性；蒋介石集团代表了反动落后的大地主大官僚资产阶级，但在特定的主要矛盾之下，仍然是可以联合的对象。《矛盾论》的最大哲学创新意义在于彻底破除了对马克思主义的"经济决定论"和"历史目的论"的教条化解读，最大程度地释放了人的主观能动性，为统一战线提供了哲学基础。

---

[1] （法）路易·阿尔都塞：《保卫马克思》，顾良译，北京：商务印书馆，1984年，第148页。

二、群众路线与《实践论》的哲学创新

毛泽东撰写"两论"的历史背景及其必须解决的理论问题，还包括如何真正破除王明教条主义路线的干扰。全面抗战爆发以后，王明从"左"倾冒险主义错误迅速蜕变到右倾投降主义错误，鼓吹"一切经过统一战线"，妄图使党放弃在抗日民族战争中的独立性和领导权。无论是"左"的错误还是右的错误，王明路线的实质都是完全以苏联为准——"左"倾冒险主义表现为盲目照搬苏联"城市中心论"的经验；右倾投降主义错误的实质则是只考虑苏联的需求，不顾及中国革命自身的需求，只服从斯大林的指示，不考虑中国现实的情况。

从理论根源上看，王明的教条主义错误在于他只服从共产国际的指示，缺乏起码的群众视野，只晓得条条框框，不知道群众路线。造成这类问题的原因与欧洲的无产阶级斗争经验直接相关。

早在马克思晚年时期，欧洲的工人阶级就越来越保守。1863年5月，全德工人联合会还在组建期间，德国工人运动领袖费迪南·拉萨尔就与普鲁士首相俾斯麦暗通款曲。拉萨尔不仅把全德工人联合会的章程及其他信息出卖给俾斯麦，更向俾斯麦表示，工人阶级"本能地感到自己倾向于独裁"。

按照拉萨尔的说法，国家是超越阶级的，工人阶级可以通过国家的帮助维护自己的根本利益。[1]

拉萨尔的观点在德国工人阶级内部具有广泛的代表性，正如学者所述："对德国本土的工人阶级来说，拉萨尔主义堪称是他们的理论基础……而十九世纪下半叶德国的工业化、机械化的极速发展，以及工人阶级待遇的逐渐改善，使德国的工人阶级运动产生了一种致命的错觉。"[2] 拉萨尔死后，他的立场仍然被继承下来并充分地体现在德国社会民主党人的《哥达纲领》之中。[3]

尽管马克思在第一时间就撰写了《哥达纲领批判》，在理论上严厉驳斥了拉萨尔主义的观点，但他并没有提出纠正欧洲工人阶级保守化的具体办法。这个具体办法是列宁提出来的。列宁在《怎么办》中提出了著名的"革命意识灌输论"：

> 我们说，工人本来也不可能有社会民主主义的意识。这种意识只能从外面灌输进去，各国的历史都证明：工人阶级单靠自己本身的力量，只能形成工联主义的意识，即确信必须结成工会，必须同厂主斗争，必须向政府争

---

[1] 薛萍：《解读〈哥达纲领批判〉》，长春：吉林出版集团，2014年，第19页。
[2] 蒙木桂：《〈哥达纲领批判〉导读》，北京：中国民主法制出版社，2018年，第5页。
[3] 中共中央马克思恩格斯列宁斯大林著作编译局资料室：《研究〈哥达纲领批判〉参考史料》，北京：生活·读书·新知三联书店，1978年，第3页。

取颁布对工人是必要的某些法律,如此等等。而社会主义学说则是从有产阶级的有教养的人即知识分子创造的哲学理论、历史理论和经济理论中发展起来的。[1]

"意识形态灌输论"的理论意义是巨大的。按照过去教条主义的观点,经济基础决定上层建筑,意识形态完全是经济基础的被动反映物,工人阶级只需要改造经济基础,意识形态问题就能自然而然地解决。但列宁的"灌输论"相当于指出,意识形态具备一定的独立性,意识形态斗争与生产关系的斗争同样重要,有时甚至要走到生产关系变革的前面去。

然而"灌输论"同样遗留了一个问题:它只强调党员干部或先进分子对于劳动群众的领导作用,却没有同时强调劳动群众对于党员干部或先进分子的推动作用。正如学者所论,这会导致"单向度的党群关系"——"党是人民的领导者、监督者、教育者,类似东正教会之于民众、牧首之于教徒。"[2]因此我们不会奇怪,苏东国家在社会主义实践中会片面地夸大领导干部和知识分子的作用,会有"干部决定一切,技

---

[1] (苏)列宁:《怎么办》,《列宁选集》第 1 卷,北京:人民出版社,2012 年,第 317—318 页。
[2] 鄢一龙、白钢等:《天下为公:中国社会主义与漫长的 21 世纪》,北京:中国人民大学出版社,2018 年,第 30 页。

决定一切"的公式。这种"单向度的党群关系"造成了苏东社会主义政党长期脱离人民群众，使它们在西方"和平演变"的攻击下格外脆弱。

王明教条主义路线的根源就是苏联模式"单向度的党群关系"。片面地强调理论指导实践，无疑会犯下教条主义的错误；片面地强调实践产生理论，则会犯下经验主义的错误。两者的实质都是片面地看待理论与实践的关系，把理论与实践的关系简单化为谁决定谁的单向度关系。

与苏联的做法不同，毛泽东在《实践论》中给出了另一种全新的思路。《实践论》强调人的认识是"从理论到实践，再发展理论"的螺旋形上升过程，它不仅强调理论对于实践的指导作用，更强调实践对于理论的发展作用。诚然，党员干部和先进分子对于实践的指导作用很重要，但他们不能高高在上地发号施令，而应该成为实践的参与者，在实践过程中改造自身。

人的正确认识过程落实到党的日常工作当中就表现为群众路线。毛泽东同志要求党员干部和知识分子必须坚持"从群众中来，到群众中去"的工作方法，他敏锐地指出：

> 将群众的意见（分散的无系统的意见）集中起来（经过研究，化为集中的系统的意见），又到群众中去作宣

传解释，化为群众的意见，使群众坚持下去，见之于行动，并在群众行动中考验这些意见是否正确。然后再从群众中集中起来，再到群众中坚持下去。如此无限循环，一次比一次地更正确、更生动、更丰富。这就是马克思主义的认识论。[1]

毛泽东实际上指明了一条截然不同于苏联模式的党群关系。中国共产党人不是高高在上的命令者。他们在向群众讲述革命道理时，是群众的老师；他们在通过群众发展自己的理论时，又成为群众的学生。有学者极富洞见地将此称为"师生辩证法"："老师是从学生成长起来的，学生未来也可以成为老师，师生二者始终是在比较平等的意义上进行教学交流的。"[2]

总之，《实践论》精辟地揭示了人是怎么获得正确认识的，它的最大哲学创新意义在于破除了苏联"干部决定一切，技术决定一切"的"单向度的党群关系"，为党的群众路线确立了哲学基础。

一言以蔽之，"两论"的哲学精髓就是实事求是，一切

---

[1] 毛泽东：《关于领导方法的若干问题》，《毛泽东选集》第3卷，北京：人民出版社，1991年，第899页。

[2] 鄢一龙、白钢等：《天下为公：中国社会主义与漫长的21世纪》，北京：中国人民大学出版社，2018年，第39页。

从实际出发，理论同实践相结合。在此基础之上，毛泽东思想革新了历史唯物主义和辩证唯物主义。毛泽东思想的诞生意味着中国共产党人真正走上了一条不同于苏联模式的自主创新道路，这条道路不仅有力地指导了中国的新民主主义革命，也有力地指导了随后的社会主义革命和建设。

三、毛泽东思想对社会主义建设的创新实践

1938年9月29日至11月6日，中国共产党第六届中央委员会第六次全体会议在延安桥儿沟召开。会议纠正了王明在抗日战争前期"一切经过统一战线""一切服从统一战线"的右倾投降主义的错误，明确了党在抗日民族战争中的独立自主地位。值得重视，六届六中全会第一次提出了把马克思列宁主义普遍真理应用于中国的具体环境的要求，这是严格意义上的马克思主义中国化的开端。

1944年5月21日至1945年4月20日，中国共产党第六届中央委员会第七次全体会议在延安杨家岭召开。会议审议并通过了《关于若干历史问题的决议》，这是中国共产党第一个历史决议。六届七中全会凝聚了全党的共识，为随后召开的中共七大铺平了道路。中共七大则正式确立毛泽东思想的指导地位并写入党章。毛泽东思想是马克思主义中国化

的第一个理论结晶,是中国共产党人对马克思主义的第一次伟大创新。

正是在毛泽东思想的指导下,中国共产党领导中国人民迅速取得了解放战争、抗美援朝战争的胜利。从1953年至1956年,中国共产党仅仅用了三年多就完成了社会主义改造,建立了社会主义制度。历史雄辩地证明了毛泽东思想的正确性,证明了马克思主义中国化的伟大创新性。

1956年9月15日至27日,中国共产党召开第八次全国代表大会,会议正确地指出,社会主义制度建立以后,国内的主要矛盾不再是工人阶级和资产阶级的矛盾,而是人民对于建立先进的工业国的要求同落后的农业国的现实之间的矛盾,是人民对于经济文化迅速发展的需要同当前经济文化不能满足人民需要的状况之间的矛盾。这一矛盾的实质是先进的社会主义制度同落后的社会生产之间的矛盾。解决这个矛盾的办法是发展社会生产力,进行大规模的经济建设。中共八大的路线是《矛盾论》哲学指导中国社会主义建设的集中体现。

1960年,党中央高度肯定并总结了辽宁鞍山钢铁厂的企业管理创新经验。鞍山钢铁厂改革了苏联马格尼托哥尔斯克钢铁联合厂的"一长制"模式,不再片面地追求"干部决定一切,技术决定一切",而是提出了全新的社会主义企业管理模式:(1)干部参加生产劳动,工人参加企业管理;(2)改革企业中不合理的规章制度;(3)在技术改革中实行企业领导干部、技术人员、工人三结合的原则。这就是以"两参一改三结合"为核心的"鞍钢宪法"。"鞍钢宪法"是《实践论》哲学指导中国社会主义建设的集中体现,是群众路线在社会主义企业管理中的集中体现,也是社会主义民主制度在生产过程中的集中体现。

综上所述,毛泽东思想大大创新了马克思主义理论,使马克思主义基本原理适合于中国的实际情况。在毛泽东思想的指导下,中国人民在新民主主义革命和社会主义革命中取得了巨大的胜利,在社会主义建设中也取得了许多伟大的成就。

然而应当承认,毛泽东思想在实践的过程中同样暴露出了一些问题。例如毛泽东思想虽然破除了经济决定论的束缚,却在实践中夸大了人的主观能动性,犯下了唯意志论的错误。又如毛泽东思想虽然创造性地提出了群众路线,但在实践中夸大了群众运动的作用,盲目相信发动群众可以解决一切,而不够尊重客观规律的限制。

公正地说,这些错误不是毛泽东思想本身的错误,而是人们在实践过程中没有跟上时代发展的需要,没有正确运用毛泽东思想的结果。因此毛泽东思想也不是马克思主义理论的最终形态,马克思主义中国化仍然有进一步创新发展的必要。

第三节　中国特色社会主义理论的创新实践

1978年，中国社会展开了轰轰烈烈的"真理标准问题大讨论"，这场讨论解放了思想，确立了"实践是检验真理的唯一标准"。1981年6月，中国共产党第十一届中央委员会第六次全体会议在北京召开，会议通过了《关于建国以来党的若干历史问题的决议》。这是中国共产党成立以来党的第二份历史决议，与1945年4月20日通过的《关于若干历史问题的决议》一样，这份历史决议同样是在纠正"左"倾教条主义的错误。如果说1945年的历史决议纠正的是对于列宁主义的"左"倾教条主义理解，那么1981年的历史决议则旨在纠正对于毛泽东思想的"左"倾教条主义理解。1945年的历史决议正式确立了毛泽东思想对于全党的指导作用；1981年的历史决议则在肯定毛泽东思想的基础之上，进一步开启了中国特色社会主义理论的探索。

《关于建国以来党的若干历史问题的决议》（以下简称《决议》）进一步确立了毛泽东思想活的灵魂，即实事求是、群众路线和独立自主。在此基础之上，《决议》强调了社会主义建设的基本前提，即"坚持社会主义道路，坚持人民民主专政即无产阶级专政,坚持共产党的领导,坚持马克思列宁主义、毛泽东思想这四项基本原则"。

《决议》重申了中共八大关于中国社会主要矛盾的论述:"在社会主义改造基本完成以后,我国所要解决的主要矛盾,是人民日益增长的物质文化需要同落后的社会生产之间的矛盾。党和国家工作的重点必须转移到以经济建设为中心的社会主义现代化建设上来,大大发展社会生产力,并在这个基础上逐步改善人民的物质文化生活。"[1]

总之,《决议》进一步确立了十一届三中全会以来党的正确决定,即停止"以阶级斗争为纲"的错误口号,把工作重心转向经济建设。经过十一届三中全会的历史转折和十一届六中全会的历史决议,全党全国人民很快形成了我国社会主义建设的指导原则,即"一个中心,两个基本点"——以经济建设为中心,坚持四项基本原则,坚持改革开放。

这是对马克思主义的又一次伟大创新。众所周知,马克思主义诞生于欧洲无产阶级革命的浪潮之中,发展于俄国革命的炮火之下,并在中国革命的征途上开启了中国化的进程。革命与战争是以往马克思主义的基本历史背景,也是毛泽东思想的时代主题。然而随着国际形势的变化和中国改革开放

---

[1] 《关于建国以来党的若干历史问题的决议》,北京:中共党史出版社,2010年,第113页。

的进行，和平与发展代替了革命与战争，成为时代的主题。在和平与发展的时代主题下，马克思主义应该如何创新，使自己适应于时代发展的需要？

邓小平同志在 1991 年 1—2 月视察上海时明确指出："不要以为，一说计划经济就是社会主义，一说市场经济就是资本主义，不是那么回事，两者都是手段，市场也可以为社会主义服务。"[1] 这番话解放了人们的思想，破除了人们对于姓"资"姓"社"的抽象争论，为随后开展的社会主义市场经济建设奠定了思想基础。

一年以后，邓小平前往武昌、深圳、珠海和上海视察，他在南方谈话中进一步强调：

> 革命是解放生产力，改革也是解放生产力。推翻帝国主义、封建主义、官僚资本主义的反动统治，使中国人民的生产力获得解放，这是革命，所以革命是解放生产力。社会主义基本制度确立以后，还要从根本上改变束缚生产力发展的经济体制，建立起充满生机和活力的社会主义经济体制，促进生产力的发展，这是改革，所以改革也是解放生产力。过去，只讲在社会主义条件下

---

[1] 邓小平：《视察上海时的谈话》，《邓小平文选》第 3 卷，北京：人民出版社，1993 年，第 367 页。

发展生产力，没有讲还要通过改革解放生产力，不完全。应该把解放生产力和发展生产力两个讲全了。[1]

邓小平同志解答了"什么叫社会主义""怎么样建设和发展社会主义"的问题。[2] 社会主义的本质就是解放生产力，发展生产力，消灭剥削，消除两极分化，最终达到共同富裕。因此衡量社会主义建设成功与否的标准在于"三个是否有利于"，即是否有利于发展社会主义社会的生产力，是否有利于增强社会主义国家的综合国力，是否有利于提高人民群众的生活水平。

邓小平同志对于社会主义本质的定性创造性地发展了马克思主义理论，进一步破除了人们对于社会主义的教条理解，从而保证了改革开放深入持续的进行。在邓小平理论的基础之上，江泽民同志提出"三个代表"重要思想，即中国共产党始终代表中国先进生产力的发展要求，始终代表中国先进文化的前进方向，始终代表中国最广大人民的根本利益，解答了"建设什么样的党和怎样建设党"的理论问题。胡锦涛同志提出"科学发展观"，即坚持以人为本，树立全面、协调、

---

[1] 邓小平：《在武昌、深圳、珠海、上海等地的谈话要点》，《邓小平文选》第3卷，北京：人民出版社，1993年，第370页。
[2] 邓小平：《总结经验，使用人才》，《邓小平文选》第3卷，北京：人民出版社，1993年，第369页。

可持续的发展观，促进经济社会和人的全面发展，解答了"为什么发展和怎样发展得更好"的问题。

在邓小平理论、"三个代表"重要思想和科学发展观的指导下，中国共产党人进一步发展了马克思主义理论，进一步推动了马克思主义中国化的进程。在东欧剧变、苏联解体、国际共产主义运动处于低谷的时期，中国的社会主义建设能"风景这边独好"，取得一个又一个伟大的成就，离不开中国共产党人对马克思主义理论的创新发展。这些创新不是凭空发生的，而是立足于中国的社会主义实践和中华文明传统。从这个意义上说，正是中华文明突出的创新性推动了马克思主义的创新发展，而马克思主义的创新发展又进一步促使中华民族走上现代化的康庄大道。

第四节　小结

根据上面分析可知，马克思主义使得中华文明成为现代文明。首先，马克思主义破除了中国传统的复古主义迷信，为中华民族的现代化道路提供了科学的理论指导；其次，马克思主义改变了旧中国一盘散沙的政治弊端，真正使中国人民组织起来了。

与此同时，马克思主义来到中国以后，也获得了长足的发展创新，主要表现在以下几个方面：

第一，中国共产党自诞生的那一天起，就在创新发展马克思主义理论。因为按照以往对马克思主义的教条化理解，中国这样一个生产力落后的半殖民地半封建社会，只能优先发展资本主义生产力。只有等到资本主义生产力条件具备的时候，成立无产阶级政党才是必要的。

然而中国共产党的成立打破了以往对马克思主义的教条化理解，证明了在半殖民地半封建的中国社会，成立共产党组织不仅可行，而且必要。尤其是中共二大依据列宁的帝国主义理论，创造性地制定了党的民主革命纲领。在中国内部，中国共产党的首要目标是实现推翻帝国主义和封建主义的双重压迫，实现民族解放，但放眼全球，中国人民反对帝国主义的革命斗争同样是国际共产主义运动不可或缺的组成部分。

第二，中国共产党人在新民主主义革命中，打破了苏联模式的教条，创造性地开辟了农村包围城市的革命路线，使诞生于欧洲的马克思主义真正适合于中国人民的解放运动。马克思主义因而具有了殖民地半殖民地人民解放的理论视野。

在马克思主义中国化的进程中,中国共产党人创造性地发展出了毛泽东思想。毛泽东思想以其实事求是、群众路线和独立自主的精髓,指导中国人民连续取得了新民主主义革命、社会主义革命的伟大胜利,并取得了社会主义建设的许多杰出成就。

第三,在人类社会的时代主题从革命与战争转变为和平与发展的时候,中国共产党人又创造性地发展出了邓小平理论、"三个代表"重要思想和科学发展观等中国特色社会主义理论体系。中国特色社会主义理论体系是和平与发展时代的马克思主义。

如果说毛泽东思想的伟大历史意义在于指导中国人民推翻三座大山的压迫,解决中国人民"不挨打"的问题,使中国人民"站起来",那么中国特色社会主义理论体系的伟大历史意义则在于指导中国社会主义建设跟上了时代发展的潮流,使中国走到了时代发展的前列,使中国人民成功解决了"不挨饿"的问题,逐渐"富起来"。

毫不夸张地说,中国共产党人在实践过程中极大地创新发展了马克思主义。马克思主义的中国化本身就是马克思主义的重大创新,这些创新源于中华文明具有突出的创新性。马克思主义中国化既是中华文明突出的创新性的表现,又是马克思主义与时俱进理论品格的表现。在这个过程中，中华民族深化发展了马克思主义，马克思主义也促使中华民族走上了现代化的道路。

习近平总书记指出："在五千多年中华文明深厚基础上开辟和发展中国特色社会主义，把马克思主义基本原理同中国具体实际、同中华优秀传统文化相结合是必由之路。这是我们在探索中国特色社会主义道路中得出的规律性认识。"[1] 在马克思主义基本原理同中国具体实际、同中华优秀传统文化相结合的过程中，中华文明突出的创新性表现得尤其明显。深入理解"两个结合"，有助于我们进一步理解中华文明突出的创新性。相关讨论请看下一章。

---

[1] 习近平：《在文化传承发展座谈会上的讲话》，《求是》2023年第17期，第6页。

第五章
新时代马克思主义中国化的创新

前面的章节已经指出，中华民族不仅是人类最古老的文明之一，也是人类最有活力、最有创新性的民族之一。中华文明是世界上最古老的原生文明之一，也是唯一以国家形态延续至今的原生文明。古代中华文明始终站在世界创新潮流的前列，甚至在很长一段时间内遥遥领先于其他古代文明。

然而公正地说，世界上没有完美无缺的事物，无论古代中华文明再怎么绚烂璀璨，都不可避免地有一定的缺陷或不完善之处。这在两个方面表现得尤为明显：其一，在思想观念层面，纵观两千多年的经学时代，中华传统文化就过于迷信上古三代的圣人之道，具有浓厚的复古主义情节；其二，在国家体制层面，尽管早至战国时代开始，中国就逐步建立了系统的职业官僚体制和编户齐民的社会管理方式，但中国的国家机器始终无法真正掌握县以下的社会基层，"官无封建而吏有封建"的状况始终无法得到改善。

这两方面的缺陷到了明清时期表现得更加明显，而彼时恰恰是欧洲社会走向近代化的腾飞阶段。"资产阶级在它的不到一百年的阶级统治中所创造的生产力，比过去一切世代创造的全部生产力还要多，还要大。"[1] 在欧洲资本主义爆炸性发展的时期，中国社会的发展却相对缓慢，遂远远被欧洲甩在了身后。

中华民族的伟大恰在于此，每当遭遇重大挑战时，中华民族的进取精神和无畏品格就被激发出来。近代的民族危机反而促使中华民族认真反思自身的文化传统，开始了中华文明现代化道路的探索。从戊戌维新到辛亥革命，中华民族进行了不屈不挠的探索，为后继者提供了丰富宝贵的经验和教训，但只有等到"十月革命一声炮响，给我们送来了马克思列宁主义"，中华文明的现代化道路才有了正确的方向。

马克思主义与中华文明互相成就，马克思主义发展了中华文明，中华文明也发展了马克思主义，因此马克思主义才能够牢固地扎根在中华大地上。尤其是 20 世纪 80 年代末 90 年代初，东欧剧变、苏联解体，国际共产主义运动陷入低潮，中国的马克思主义道路却能做到"风景这边独好"，这证明了马克思主义与中华文明的高度契合，更证明了中国特色社

---

[1] （德）马克思、恩格斯：《共产党宣言》，北京：人民出版社，2014 年，第 32 页。

会主义理论体系的正确性。

在前文的基础上,本章拟继续讨论创新性与马克思主义中国化时代化的关系,并在马克思主义中国化时代化的前提之下,分析创新性与其他四个突出特性的关系,讨论建设现代中华文明对于哲学社会科学研究的新要求。

第一节　习近平新时代中国特色社会主义思想的时代必然性

2021年,中国共产党迎来了百年诞辰,中华人民共和国成立已有72年,改革开放也走过了43年。在社会主义建设的过程中,中国人民积累了大量的经验教训,亟待总结。这一年的11月11日,中国共产党第十九届中央委员会第六次全体会议审议并通过了《中共中央关于党的百年奋斗重大成就和历史经验的决议》(以下简称《建党百年历史决议》)。这是中国共产党历史上继1945年《关于若干历史问题的决议》和1981年《关于建国以来党的若干历史问题的决议》之后的第三份历史决议。

《建党百年历史决议》对前两份历史决议既有继承，也有发展，既有相同，也有区别。继承或相同之处在于，三份历史决议都是在中华民族的关键时刻和中共党史的关键节点上作出的，都旨在总结中共党史的宝贵经验教训，也都起到了凝聚全党共识，开启全党奋斗新篇章的伟大作用。区别或发展之处则在于中国共产党在三个历史时刻所面临的问题不同，提出的解决方案也不同。

三份历史决议分别代表了马克思主义中国化的三个阶段，也是马克思主义理论指导中华民族伟大复兴的三个阶段。

毛泽东思想是第一个阶段的理论结晶。《关于若干历史问题的决议》很清楚地说明了毛泽东思想产生的历史背景："在为实现新民主主义而进行的二十四年（一九二一年至一九四五年）的奋斗中，在第一次大革命、土地革命和抗日战争的三个历史时期中，我们党始终一贯地领导了广大的中国人民，向中国人民的敌人——帝国主义和封建主义，进行了艰苦卓绝的革命斗争，取得了伟大的成绩和丰富的经验。"[1]

毛泽东思想的时代主题是革命与战争，它意味着以毛泽东同志为代表的老一辈中国共产党人需要承担"民族独立，

---

[1]《关于若干历史问题的决议》，《建党以来重要文献选编》第22册，北京：中央文献出版社，2011年，第73页。

人民解放"的历史任务，需要肩负的国际无产阶级道义是打破帝国主义的世界殖民体系，推动广大亚非拉殖民地半殖民地人民的民族解放运动。

毛泽东等老一辈共产党人的成就是巨大的，他们冲破了帝国主义的干预与封锁，带领人民推翻了三座大山，解决了中国人民"不挨打"的问题，使人民"站起来"，更极大地援助了与中国人民具有同样遭遇的广大亚非拉人民，推动了他们在政治上的独立。尤其是毛泽东同志晚年提出的"三个世界"理论，直到今天仍然是中国共产党人承担国际道义的基石。

中国特色社会主义理论体系是第二个阶段的理论结晶。《关于建国以来党的若干历史问题的决议》旗帜鲜明地指出，在社会主义改造完成以后，我国社会的主要矛盾已经是人民日益增长的物质文化需要同落后的社会生产之间的矛盾。"在剥削阶级作为阶级消灭以后，阶级斗争已经不是主要矛盾。由于国内的因素和国际的影响，阶级斗争还将在一定范围内长期存在，在某种条件下还有可能激化。既要反对把阶级斗争扩大化的观点，又要反对认为阶级斗争已经熄灭的观点。"[1]因此党和国家的工作重心是经济建设，阶级斗争只是局部的、次要的情况。

---

1 《关于建国以来党的若干历史问题的决议》，北京：中共党史出版社，2010年，第115页。

中国特色社会主义理论体系的时代主题是和平与发展，它意味着邓小平等中国共产党人需要带领全国人民跟上全球化的发展浪潮，进一步解答"什么是社会主义和怎样建设社会主义""建设什么样的党和怎样建设党""为什么发展和怎样发展得更好"的问题。中国共产党人需要承担的国际道义是帮助已经获得政治独立的第三世界人民，缩小与西方发达国家的经济差距，推动变革旧的国际政治经济秩序。

以邓小平、江泽民、胡锦涛等为代表的中国共产党人同样取得了巨大成就。他们不仅带领中国跟上了时代发展的节奏，更使中国走到了时代发展的前列，中国人民成功解决了"不挨饿"的问题，逐渐"富起来"。作为全世界最大的发展中国家，中国人民走上富裕的道路同样具有表率作用。如果说毛泽东思想让亚非拉殖民地半殖民地人民看到了政治解放的希望，那么中国特色社会主义理论体系则让广大第三世界人民和广大发展中国家看到了经济上摆脱依附地位并走上繁荣富强的希望。

在解决完"不挨打""不挨饿"的问题，使中国人民"站起来""富起来"以后，新的历史责任又摆到了中国人民和中国共产党人面前。

首先，当今世界仍不太平，霸权主义和强权政治依然存在，而且相较于上一个历史时期，现阶段逆全球化的倾向明显加剧，各种不稳定因素层出不穷。造成逆全球化倾向的原因是多方面的：西方发达国家内部贫富差距愈来愈大，极端民粹主义势力抬头；广大发展中国家非但没有在之前的全球化浪潮中享受到充分的好处，反而成为之前全球化浪潮的失败者，各种恐怖主义和宗教极端势力此起彼伏。总之，旧国际政治经济秩序下的全球化是一种不平等的全球化，它不是缩小而是扩大了南北国家之间的差距以及发达国家和发展中国家内部社会各阶层的差距。

其次，今天的某些西方国家虽然不再像20世纪以前那样，直接通过武力掠夺殖民地半殖民地，但它们依然试图通过经济、科技和文化上的优势保住自己在世界体系内的中心地位。相较于以往，这些西方大国更加侧重于通过思想文化、法律规则和国际舆论等软性手段，打击一切后发竞争对手。

再次，"仓廪实而知礼节，衣食足而知荣辱"，随着中国经济发展，尤其是打赢脱贫攻坚战以后，人民群众对文化软实力的要求越来越高，也越来越关注中国在世界体系中的话语权。

以上形势的新变化迫切要求中国共产党人在解决"不挨打""不挨饿"的问题以后，重点考虑解决"不挨骂"的问题。如果精神文明发展跟不上物质文明发展的脚步，如果软实力不能与硬实力相匹配，则中国人民就还没有真正"强起来"，中华民族伟大复兴就不能说真正得以实现。中华民族既是一个民族概念，也是一个文化概念、文明概念，中国在历史上就是全人类首屈一指的文化大国，中华民族伟大复兴的时代要求呼唤文化的复兴、呼唤发达的文化体系。

放眼世界，中国人民解决"不挨骂"的问题有助于打破西方某些大国对话语权的垄断，让广大发展中国家和第三世界人民突破既有的思维定式或路径依赖，激发他们找到适合自身发展道路的愿望和信心。人类命运共同体是对新国际政治经济秩序的展望，新的国际政治经济秩序要求各个文明、各个民族平等发展。打破西方某些大国对发展道路的话语权垄断，是实现这一展望的基本前提。

与此同时，改革开放四十多年来，中国社会发展迅速，成绩骄人，但在实践过程中也积攒了不少新问题，亟待纠正和改善。如何总结改革开放以来党的经验教训，同样是摆在中国共产党人面前的迫切需求。

新时代、新要求呼唤新思想、新理论，中国共产党人需要在新的历史条件下，进一步深化发展马克思主义中国化时代化，创造新的马克思主义理论。这正是《建党百年历史决议》出台的宏观时代背景。《建党百年历史决议》系统总结了改革开放四十多年来积攒下来的问题。

在坚持党的全面领导上，"改革开放以后，党为加强和改善党的领导进行持续努力，为党和国家事业发展提供了根本政治保证。同时，党内也存在不少对坚持党的领导认识模糊、行动乏力问题，存在不少落实党的领导弱化、虚化、淡化、边缘化问题，特别是对党中央重大决策部署执行不力，有的搞上有政策、下有对策，甚至口是心非、擅自行事"。

在全面从严治党上，"由于一度出现管党不力、治党不严问题，有些党员、干部政治信仰出现严重危机，一些地方和部门选人用人风气不正，形式主义、官僚主义、享乐主义和奢靡之风盛行，特权思想和特权现象较为普遍存在。特别是搞任人唯亲、排斥异己的有之，搞团团伙伙、拉帮结派的有之，搞匿名诬告、制造谣言的有之，搞收买人心、拉动选票的有之，搞封官许愿、弹冠相庆的有之，搞自行其是、阳奉阴违的有之，搞尾大不掉、妄议中央的也有之，政治问题和经济问题相互交织，贪腐程度触目惊心"。

在经济建设上，"由于一些地方和部门存在片面追求速度规模、发展方式粗放等问题，加上国际金融危机后世界经济持续低迷影响，经济结构性体制性矛盾不断积累，发展不平衡、不协调、不可持续问题十分突出"。

在全面深化改革开放上，"随着实践发展，一些深层次体制机制问题和利益固化的藩篱日益显现，改革进入攻坚期和深水区"。

在政治建设上,社会舆论思想混乱,许多党员干部丧失马列主义信仰,深受"西方所谓'宪政'、多党轮流执政、'三权鼎立'等政治思潮的侵蚀影响"。

在全面依法治国上,"有法不依、执法不严、司法不公、违法不究等问题严重存在,司法腐败时有发生,一些执法司法人员徇私枉法,甚至充当犯罪分子的保护伞,严重损害法治权威,严重影响社会公平正义"。

在文化建设上,"拜金主义、享乐主义、极端个人主义和历史虚无主义等错误思潮不时出现,网络舆论乱象丛生,一些领导干部政治立场模糊、缺乏斗争精神,严重影响人们思想和社会舆论环境"。

在社会建设上,"随着时代发展和社会进步,人民对美好生活的向往更加强烈,对民主、法治、公平、正义、安全、环境等方面的要求日益增长"。"民生保障短板""人民群众急难愁盼问题"更加突出。

在生态文明建设上,仍然存在明显短板,"资源环境约束趋紧、生态系统退化等问题越来越突出,特别是各类环境污染、生态破坏呈高发态势,成为国土之伤、民生之痛"。

在国防和军队建设上,"建设同我国国际地位相称、同国家安全和发展利益相适应的巩固国防和强大人民军队"的需求仍然迫切,"军队党风廉政建设和反腐败斗争"的任务仍然艰巨。

不仅如此,《建党百年历史决议》还准确概括了进入新时代以后,国际环境的变化给全党全国人民带来的新问题新挑战。

在维护国家安全上,"进入新时代,我国面临更为严峻的国家安全形势,外部压力前所未有,传统安全威胁和非传统安全威胁相互交织,'黑天鹅''灰犀牛'事件时有发生。同形势任务要求相比,我国维护国家安全能力不足,应对各种重大风险能力不强,维护国家安全的统筹协调机制不健全"。

在坚持"一国两制"和推进祖国统一上,"一个时期,受各种内外复杂因素影响,'反中乱港'活动猖獗,香港局势一度出现严峻局面"。"二〇一六年以来,台湾当局加紧进行'台独'分裂活动,致使两岸关系和平发展势头受到严重冲击。"

在外交工作上,"进入新时代,国际力量对比深刻调整,单边主义、保护主义、霸权主义、强权政治对世界和平与发展威胁上升,逆全球化思潮上升,世界进入动荡变革期"。[1]

总而言之,改革开放以来,全党全国人民取得了举世瞩目的巨大成就,尤其在苏东剧变的国际背景下,中国共产党

---

[1] 以上内容,参见《中共中央关于党的百年奋斗重大成就和历史经验的决议》,北京:人民出版社,2021年,第27—62页。

人能够探索出一条适应于和平与发展时代的马克思主义中国化道路，对于全世界进步力量而言，有着很强的示范作用。

然而，发展的过程中总会产生一些新问题，只有解决好这些问题，才能迎来进一步的发展。我们在新时代遇到的新问题，一部分是改革开放四十多年来遗留和积攒下来的问题，另一部分是近些年逆全球化势头加剧，世界进入动荡变革期以后产生的新挑战。

以习近平同志为主要代表的中国共产党人在解决新问题、应对新挑战的过程中，积累了丰富的实践经验，进行了深刻的理论总结，创造了习近平新时代中国特色社会主义思想。对此，《建党百年历史决议》指出：

> 习近平同志对关系新时代党和国家事业发展的一系列重大理论和实践问题进行了深邃思考和科学判断，就新时代坚持和发展什么样的中国特色社会主义、怎样坚持和发展中国特色社会主义，建设什么样的社会主义现代化强国、怎样建设社会主义现代化强国，建设什么样的长期执政的马克思主义政党、怎样建设长期执政的马克思主义政党等重大时代课题，提出一系列原创性的治国理政新理念新思想新战略，是习近平新时代中国特色社会主义思想的主要创立者。习近平新时代中国特色社

会主义思想是当代中国马克思主义、二十一世纪马克思主义，是中华文化和中国精神的时代精华，实现了马克思主义中国化新的飞跃。[1]

习近平新时代中国特色社会主义思想是继毛泽东思想、中国特色社会主义理论体系以后的又一次马克思主义中国化的伟大飞跃，是马克思主义中国化的最新理论结晶。

众所周知，1945年的《关于若干历史问题的决议》全面地总结了建党以来的经验教训，系统地诠释了毛泽东思想诞生的时代必然性。在《关于若干历史问题的决议》的保障下，中共七大胜利召开，正式确立毛泽东思想为全党的指导思想，凝聚了全党共识，为党的斗争指明了新方向。因此中国共产党人才能够在随后的短短几年内，迅速取得解放战争、抗美援朝战争和社会主义改造的伟大胜利。

1981年的《关于建国以来党的若干历史问题的决议》全面地总结了中华人民共和国成立以来的经验教训，扼要地概括了毛泽东思想的精髓，系统地诠释了改革开放的时代必然性。在《关于建国以来党的若干历史问题的决议》的保障下，中国共产党人创造了由邓小平理论、"三个代表"重要思想、

---

[1] 《中共中央关于党的百年奋斗重大成就和历史经验的决议》，北京：人民出版社，2021年，第25—26页。

科学发展观组成的中国特色社会主义理论体系，大大推动了马克思主义中国化的进程。正是在中国特色社会主义理论体系的指导下，中国的改革开放取得了举世瞩目的骄人成绩，中国人民的物质水平和精神生活得到了巨大的提高。中国社会不仅消除了贫困，更稳步地走上了追赶世界先进水平的宽阔大道。

2021年的《建党百年历史决议》则全面地总结了建党百年以来的经验教训，为改革开放以来出现的新问题新挑战提供了丰富的历史经验和思想资源。在此基础上，《建党百年历史决议》系统地诠释了习近平新时代中国特色社会主义思想的时代必然性。在《建党百年历史决议》的保障下，中共二十大胜利召开，进一步明确和巩固了习近平新时代中国特色社会主义思想对于全党的指导地位。中国共产党人必将领导全国人民再一次取得伟大胜利。

第二节　创新性视野下的"第二个结合"

习近平总书记明确指出："在五千多年中华文明深厚基

础上开辟和发展中国特色社会主义，把马克思主义基本原理同中国具体实际、同中华优秀传统文化相结合是必由之路。这是我们在探索中国特色社会主义道路中得出的规律性认识。"老一辈中国共产党人只强调"把马克思主义基本原理同中国具体实际相结合"，如今以习近平总书记为代表的中国共产党人在此基础上特别强调了"第二个结合"。对此，习近平总书记强调：

> 我说过，如果没有中华五千年文明，哪里有什么中国特色？如果不是中国特色，哪有我们今天这么成功的中国特色社会主义道路？只有立足波澜壮阔的中华五千多年文明史，才能真正理解中国道路的历史必然、文化内涵与独特优势。[1]

"中国具体实际"不是凭空产生的，而是历史积淀的结果，当然本就包含中华传统文化在内。近代中国的进步分子在接受和传播马克思主义的时候不是一块白板，而是带花纹的大理石，他们是在既有文化传统的背景下理解和学习马克思主义的。因此我们完全有理由说，当马克思主义来到中国，当中国共产党人实践马克思主义时，就已经开始了同中华优

---

[1] 习近平：《在文化传承发展座谈会上的讲话》，《求是》2023年第17期，第6页。

秀传统文化相结合的探索实践。

1938年六届六中全会首次提出马克思主义中国化，这使得马克思主义与中国具体实际相结合从自发走向了自觉，然而"第二个结合"在接下来的很长一段时间内，仍然是自发的或不自觉的。党的二十大报告正式把"马克思主义基本原理同中华优秀传统文化相结合"写入党章，标志着"第二个结合"从自发走向了自觉。

怎么理解和推进"第二个结合"？习近平总书记提醒我们："'结合'不是硬凑在一起的。马克思主义和中华优秀传统文化来源不同，但彼此存在高度的契合性……'结合'不是'拼盘'，不是简单的'物理反应'，而是深刻的'化学反应'，造就了一个有机统一的新的文化生命体。"[1] 在本书看来，"第二个结合"最能体现中华文明的创新性，准确理解"第二个结合"最需要从创新性入手。

首先，中华文明具有突出的创新性，马克思主义具有与时俱进的理论品格，这是两者最能彼此契合的地方。其次，中华文明需要马克思主义才能走上现代化的道路，马克思主义需要中华文明才能具备中国，乃至亚非拉第三世界的视野。两者都需要对方才能创新发展，这是相互成就的基本前提。

当前理论界学术界对于彼此契合强调得多，对于相互成

---

[1] 习近平：《在文化传承发展座谈会上的讲话》，《求是》2023年第17期，第6页。

就谈论得少；在谈论彼此契合时，又往往抱着静止片面的方法，没有充分从创新性的角度理解马克思主义基本原理与中华优秀传统文化的契合之处。比如有些著作只是在鼓吹中华传统文化中有哪些与马克思主义现代价值一模一样的东西，仿佛中华传统文化生来就与马克思主义基本原理如此不谋而合。

倘若中华传统文化与马克思主义基本原理仅仅只是不谋而合，那么当年中国进步分子何必起踵引颈以迎来自欧洲的马克思主义呢？直接发掘本土文化不就足以完成救亡图存的历史重任了吗？反过来也可以说，如果中华传统文化与马克思主义基本原理仅仅只是不谋而合，那么我们今天何必费心费力研究传统文化，直接讲清楚马克思主义基本原理不就一劳永逸了吗？

彼此契合不是两者的简单附会。理解从彼此契合到相互成就的动态发展过程，不仅应该重视两者的相似性，也应该重视两者的互补性。当年中国进步分子热忱地学习马克思主义，从马克思主义当中获取救国的真理，不是因为马克思主义讲了中国人早已知道的道理，而是马克思主义讲了中国人不知道的道理。因此马克思主义才能补充完善中华传统文化，才能对中华传统文化去芜存菁、刷垢磨光，促使中华传统文化向前发展。

第一，马克思主义是我们区分传统文化中的精华和糟粕的准绳。

前文已经指出，世界上没有绝对完美的事物，中华传统文化之所以能够创新发展，恰恰是因为它的不完满性，中华传统文化总是先进与落后共存，精华与糟粕共存。清末学者宋恕曾反问道："茫茫世界，既尚未有纯乐无苦之社会，自尚未有纯粹无糠之社会，学者方寸中，固不可不悬国粹之一名词，然岂可不兼悬国粹之反对之国糠之一名词欤？"[1] 有"国粹"就有"国糠"，中国绝不可能只有"粹"而无"糠"。正如毛泽东所说："清理古代文化的发展过程，剔除其封建性的糟粕，吸收其民主性的精华，是发展民族新文化提高民族自信心的必要条件；但是决不能无批判地兼收并蓄。"[2] 什么是精华？什么是糟粕？怎么准确分辨精华与糟粕？答案就在马克思主义。

许多优秀传统文化曾经湮没无闻，正是在马克思主义的作用下，才得到激活和发扬。举例而言，《礼记·礼运》曾描绘了中国传统的大同理想："大道之行也，天下为公，选贤与能，讲信修睦。故人不独亲其亲，不独子其子，使老有

---

[1] （清）宋恕：《国粹论》，胡珠生编：《宋恕集》上册，北京：中华书局，1993年，第458页。

[2] 毛泽东：《新民主主义论》，《毛泽东选集》第2卷，北京：人民出版社，1991年，第707—708页。

所终，壮有所用，幼有所长，矜寡孤独废疾者皆有所养，男有分，女有归。货恶其弃于地也，不必藏于己；力恶其不出于身也，不必为己。是故谋闭而不兴，盗窃乱贼而不作，故外户而不闭。"这番论述与共产主义崇高理想具有高度的相似性，已经成为我们今天耳熟能详的儒家经典论说。

然而在古代，《礼运》并不受到经学家的重视。朱熹曾批评《礼运》："此则有病耳。"[1] 吕祖谦甚至否认《礼运》的儒家正统地位，认为其中关于大同的描述"非孔子语"，"真是老聃、墨氏之论"[2]。中国近代进步人士接触社会主义以后，《礼运》才得到真正的重视，而它成为儒家最具有代表性的经典，则是马克思主义中国化的结果。只有在马克思主义的尺度下，中华传统的大同思想才能作为精华继承和发展。中华优秀传统文化与马克思主义的相似性既是马克思主义中国化的原因，更是马克思主义中国化的结果。我们熟悉的那些与马克思主义彼此契合的传统文化，很大程度上是经由马克思主义去芜存菁后才形成的新传统。

第二，马克思主义中国化时代化的进程推动了中华文明的现代转型，创造了具有中华文化生命的当代中国马克思

---

[1] （宋）朱熹：《朱子全书》第21册，上海：上海古籍出版社，合肥：安徽教育出版社，2002年，第1437页。

[2] （宋）吕祖谦：《吕祖谦全集》第1册，杭州：浙江古籍出版社，2008年，第417—418页。

主义。

前文已经指出，古代中华文明发展到明清时期，越来越进入瓶颈，逐渐被爆炸性发展的欧洲资本主义社会甩在了身后。阻碍中华文明进一步发展的因素有很多，其中两个层面十分引人注目。在思想文化层面，中国传统经学迷信上古时代，总抱有复古主义的幻想。在国家体制层面，古代中国"官无封建而吏有封建"。相比较其他古代文明，这些问题当然没有明显地暴露出来，但相比较近代资本主义社会，这些问题造成的障碍就十分明显了。

正是马克思主义为中国人民带来了唯物史观，彻底打破了传统经学的复古主义迷信。今天的绝大多数学者即便再怎么研究经学思想，再怎么推崇儒家学说，都不会再迷信上古三代，都不会再抱有复古主义的迷信。相反，他们会更重视儒家学说背后的人民性，会强调儒家学说不只是个别圣人的发明创造，更是以古代劳动人民的生产实践为基础。

更重要的是，马克思主义给中国带来了强有力的政治组织方式，经由马克思主义组织起来的中国共产党人改变了旧中国一盘散沙的局面，真正使中国人民组织了起来。

孙中山先生曾深刻地指出中华传统伦理之病："中国的人只有家族和宗族的团体，没有民族的精神，所以虽有四万万人结合成一个中国，实在是一片散沙，弄到今日，是世界上最贫弱的国家，处国际中最低下的地位。人为刀俎，我为鱼肉，我们的地位在此时最为危险。"[1]陈独秀也说："新文化运动倘然不能发挥公共心，不能组织团体的活动，不能造成新集合力，终久是一场失败，或是效力极小。中国人所以缺乏公共心，全是因为家族主义太发达的缘故。"[2]梁漱溟亦称："缺乏集团乃是中国最根本的特征；中国一切事情莫不可溯源于此。"[3]

封建伦理最重视宗族，近代进步人士则无不渴望能够借助外来的先进理论，打破宗族主义的束缚，把中国人从宗族关系中解放出来，使之成为现代意义上的国民。但只有中国共产党人实现了这个目标，真正把中国人民组织起来，使其发挥出巨大的创造力。

早在1935年时，吴世昌就在给胡适的信中称："国民党组织民众、训练民众的能力，能比得上被他所痛剿毒咒的共'匪'的十分之一吗？"[4]中华人民共和国成立以后，梁漱溟更称赞道："集团生活在数千年来我们中国人一直是缺乏的；

---

[1] 孙中山：《三民主义》，《孙中山全集》第9册，北京：中华书局，1986年，第188—189页。

[2] 陈独秀：《新文化运动是什么？》，《陈独秀文章选编》上册，北京：生活·读书·新知三联书店，1984年，第516页。

[3] 梁漱溟：《中国建国之路》，《梁漱溟全集》第3卷，济南：山东人民出版社，2005年，第331页。

[4] 吴世昌：《吴世昌致胡适》，耿云志编：《胡适来往书信选》中册，北京：中华书局，1979年，第278页。

而今天中国共产党在其团体组织上颇见成功，几乎可说是前所未有。"[1]这些学者都不持有马克思主义立场，但不妨碍他们看到马克思主义具有打破封建关系、组织中国人民的伟大力量。

在中国共产党的领导下，组织起来的中国人民扫荡了封建生产关系、砸碎了反动会道门势力，移风易俗，普及教育。没有当年共产党人领导群众成功地进行反封建运动，我们今天根本不可能如此从容地大谈传统文化。我们今天所提倡的传统文化恰恰是经过马克思主义改造，并融入了马克思主义现代价值的传统文化。

与此同时，中华传统文化也在补充完善马克思主义，推动马克思主义的创新发展。

其一，中华优秀传统文化让马克思主义具备了殖民地半殖民地解放视野和发展中国家现代化视野。

马克思主义诞生于欧洲工人运动，原本认为社会主义制度只可能率先出现在中西欧发达资本主义国家。当年考茨基等德国社会民主党人就是拿着这样的教条，反对俄国十月革命。梁启超、张东荪、张君劢等改良主义者也是拿着类似的教条，反对成立中国共产党，反对劳农专政。

---

1 梁漱溟：《中国建国之路》，《梁漱溟全集》第3卷，济南：山东人民出版社，2005年，第339页。

十月革命粉碎了中西欧发达资本主义国家的优越论,在帝国主义链条上的薄弱环节建立了人类历史上第一个巩固的现代社会主义政权。中国共产党人更是第一次独立自主地在亚洲半殖民地半封建社会成功实践了马克思主义,使马克思主义脱离了欧洲中心论的教条,具备了更广阔的殖民地半殖民地民族解放视野。

其二,中华优秀传统文化让马克思主义适合于和平与发展的时代。

马克思主义诞生于欧洲无产阶级革命浪潮,在帝国主义战争的废墟上第一次建立巩固的社会主义政权。革命与战争是马克思主义诞生发展的历史背景,也是毛泽东思想诞生的时代主题。在和平与发展的时代怎么实践马克思主义?这个问题是过去马克思主义经典作家没有充分思考过的。

中国共产党人创造性地发展出中国特色社会主义理论体系,第一次在和平与发展的时代主题下实践了马克思主义,使马克思主义超越了革命与战争的历史环境。尤其是在苏东剧变、国际共产主义运动处于低潮的时期,中国共产党人以其实践创新保持了马克思主义的活力。

总而言之,孤立、静止、片面的形而上学方法解释不了马克思主义中国化时代化的伟大进程,解释不了"第二个结合"的理论实质。马克思主义中国化时代化实际上是不断创新的动态发展过程，马克思主义基本原理与中华优秀传统文化之所以能够从彼此契合到相互成就，主要是因为两者具有高度的互补性，能够相互促进、互相提升，并融会为有机统一的新的文化生命体。如果说中国式现代化道路是台轰鸣运转的机器，那么中华传统文化与马克思主义就是其中的两个巨大齿轮，齿轮能够相互联动，是因为齿距相互咬合。

通过上面分析，我们不难得出结论：中华优秀传统文化与马克思主义基本原理的一大契合之处是创新精神，相互成就则是创新实践的结果。创新性是我们理解马克思主义中国化的一把钥匙，"第二个结合"需要放到创新性的视野下才能得到充分的理解。

第三节　创新性与其他四个突出特性的关系

习近平总书记《在文化传承发展座谈会上的讲话》中概括了中华文明的五个突出特性，即连续性、创新性、统一性、包容性、和平性。这五个突出特性不是分散孤立的个体相加，而是紧密结合的有机整体。

首先，连续性和创新性侧重于中华文明的时间维度，两者构成了中华文明突出特性的第一对辩证关系，即传统与现代的辩证。

连续性是创新性的前提。中华文明是人类最古老的原生文明之一。与中华文明同为最古老原生文明的还有古埃及文明、古苏美尔文明、古印度河文明、玛雅文明、印加文明，但只有中华文明延续了下来。如果中华文明没有突出的连续性这个前提，就不可能在人类古代史上长期引领世界创新潮流，并迄今屹立不倒。创新性则是连续性的保障。历史已经雄辩地证明，一个民族如果失去了创新性，就会落后挨打，就会被内部危机和外部入侵所吞噬，其连续性就没有办法得到保障。

创新性使中华文明走上了现代道路，连续性则使中华文明扎根于悠久的历史。更重要的是，连续性决定了中国式现代化道路必须立足于本民族的历史传统，只能走自己的路。创新性则决定了中国式现代化道路是一条发展的道路。

其次，统一性和包容性侧重于中华民族的空间维度，两者构成了中华文明突出特征的第二对辩证关系，即一体和多元的辩证。

中华民族具有多元一体的文明格局。大一统是中华文明的基本格局，一体是多元的前提，统一性是包容性的前提。

没有统一性，就无所谓包容性，就无所谓多元并包。然而中华民族的大一统不是机械的大一统，而是不同族群各有主客、水乳交融。因此包容性又是统一性的必要保障，没有包容性的统一是机械的统一，而不是有机的统一，其实质是内部各个部分的简单拼盘，而不是有机的整体，是注定不会牢固的。

再次，和平性是中华文明时间、空间双重维度的精神追求与价值关怀。

连续性和统一性决定了中华文明在道路上是独立自主的，在结构上是坚如磐石的。独立和稳固是中华民族有能力走和平道路，有实力走和平道路的必要前提。

创新性和包容性决定了中华文明在精神上是开拓进取的，在态度上是海纳百川的。进取和开放是中华民族有理由走和平道路，有意愿走和平道路的必要条件。

独立、稳固、进取、开放，中华文明的精神品格决定了中华民族是一个爱好和平的民族，决定了中华民族善于同其他民族和平共处，和平交流，取长补短，共同发展。和平性在中国政府的外交政策上，就体现为反对霸权主义和强权政治，促进南南合作和南北对话，致力于推动构建人类命运共同体。

中华文明的五个突出特性在上述关系中牢牢凝结成整体。周丹指出，"连续性是基础""创新性是动力""统一性是核心""包容性是保障""和平性是结果"[1]。打个比方，如果说中华文明是高速行驶在现代化轨道上的火车，连续性保证了火车不会脱轨，统一性保证了火车的各个零部件能够紧密结合为高速运转的整体，包容性保证了火车的各个零部件能够充分发挥各自不同的作用，和平性保证了火车行驶的安全可靠，那么创新性则为火车提供了动力系统。正是创新性推动了中华文明这个先进的火车持续高速向前！

第四节　小结

通过本章的分析，不难得出结论：习近平新时代中国特色社会主义思想既是对过去马克思主义中国化道路的继承，更是对过去马克思主义中国化的创新。马克思主义具有与时俱进的理论品格，中华文明具有突出的创新性，而习近平新时代中国特色社会主义思想本身就是创新性的最好体现。

与毛泽东思想、中国特色社会主义理论体系一样，习近平新时代中国特色社会主义思想的诞生是时代呼唤的结果。一

---

[1] 周丹：《关于中华民族现代文明的答问》，北京：国家行政学院出版社，2023年，第35—43页。

方面，改革开放四十多年来，全党全国人民在取得巨大成就的同时，也积攒了不少问题；另一方面，进入新时期，逆全球化愈演愈烈，国际形势动荡加剧，中华民族迎来了百年未有之大变局。如何在这历史变局的紧要关头，重新总结建党百年以来的经验教训？如何解决或应对改革开放四十多年以来全党全国人民面临的新问题、新挑战？这是习近平新时代中国特色社会主义思想的时代必然性所在。

习近平新时代中国特色社会主义思想解答了新时代坚持和发展什么样的中国特色社会主义、怎样坚持和发展中国特色社会主义，建设什么样的社会主义现代化强国、怎样建设社会主义现代化强国，建设什么样的长期执政的马克思主义政党、怎样建设长期执政的马克思主义政党等重大时代课题，是马克思主义中国化新的飞跃。

在理论创新和文化建设方面，习近平新时代中国特色社会主义思想给出了原创性的指导，中华文明的五个突出特性和"第二个结合"就是其中重要的两个方面。

首先，创新性最能体现"第二个结合"，是我们深入理解"第二个结合"的钥匙之一。创新意味着发展，意味着现状的不完满。一方面，中华传统文化不可能尽善尽美、毫无缺陷，因此它需要马克思主义基本原理，才得以走上现代化的道路。另一方面，马克思主义同样不可能静止僵死、一成不变，因此它也需要中华优秀传统文化，才能具备中国乃至亚非拉的视野，才适合于和平与发展的时代主题。

创新精神是马克思主义基本原理与中华优秀传统文化彼此契合的前提之一，相互成就则是创新实践的结果。

其次，创新性与其他四个突出特性形成了紧密的整体。如果说统一性和包容性侧重于空间维度，构成了中华民族一体与多元的辩证关系，那么连续性和创新性则侧重于时间维度，构成了中华民族传统与现代的辩证关系。

在时间维度的辩证关系中，连续性是前提，创新性是保障。没有连续性，当然不会有持续的创新；没有创新性，就会落后挨打，甚至沉沦灭亡，连续性也无从谈起。中华民族长期处于世界文明创新潮流的前列，是因为中华民族具有突出的连续性；中华文明能够成为唯一以国家形态延续至今的古老原生文明，则是因为中华民族善于自我创新。

因此，我们完全有理由说，创新性构成了中华文明持续发展的动力所在。这种源源不竭的动力在马克思主义中国化时代化的发展过程中，表现得尤为明显。习近平新时代中国特色社会主义思想就是马克思主义中国化时代化创新动力的成果，也必将成为建设中华民族现代文明的动力！

结　语

中华文明具有突出的创新性，意味着中华文明史上经历过许多大转折、大变革。本书的重点就是通过这些大转折、大变革，讨论中华民族的精神品格。诚然，中华文明史太过丰富生动，再怎么了不起的著作都没有办法穷尽其精彩绝伦的篇章。本书只能去繁就简，择要列举和分析中华民族创新性的具体表现。通过正文五章内容的介绍，我们大体上可以确定以下几个方面的事实：

其一，根据历史唯物主义的教导，创新性的源泉是人类劳动，中华文明突出的创新性根植于中国劳动人民的实践活动。以中国劳动人民的坚韧和智慧为基础，先进分子加以引导、总结和提升，才有了中华民族丰富多彩的创新成果。

习近平总书记指出："中华民族始终以'苟日新，日日新，又日新'的精神不断创造自己的物质文明、精神文明和政治文明，在很长的历史时期内作为最繁荣最强大的文明体屹立于世。"[1]中华文明是人类历史上最古老的原生文明之一，也是唯一以国家形态延续至今的古老原生文明。纵观人类数千年的文明史，中华民族在大部分时间内处于世界创新潮流的前列。中国古代劳动人民以杰出的创新智慧，创造出了丰富多彩的物质文明、精神文明和政治文明成果。

其二，中华文明具有突出的创新性，不仅体现在中华民族创造了繁荣的物质文明、精神文明和政治文明，更体现在中华民族善于自我反省，善于自我革新。须知中华文明不是一成不变、从来如此的，中华文明史上经历了多次巨大的变革，其中三次尤为重要。

第一次是殷周之变，中华民族的政治理性走向成熟；第二次是周秦之变，中华民族夯实了大一统的制度基础；第三次是近现代之变，中华民族走上了独立自主的现代化道路。这三次伟大变革前后呼应，始终贯穿了突出的创新性。

其三，创新意味着发展，而发展意味着现状的不完满。世界上从来没有绝对完美的事物，中华文明同样如此。不可否认，中华文明也有自身的缺陷或不完满之处，例如在思想观念层面，传统经学过于迷信上古时代，具有浓厚的复古主义倾向；在国家体制层面，"官无封建而吏有封建"，尽管中国人早在战国时期就逐步确立了职业官僚体制，但古代中

---

[1] 习近平：《在文化传承发展座谈会上的讲话》，《求是》2023年第17期，第5页。

国的行政体制始终无法渗透到社会的最基层。

对比其他人类古代文明，上述缺陷或不完满之处造成的问题尚且不明显。然而随着欧洲资本主义制度的确立，欧洲社会进入了爆炸性发展的时代，中华文明的固有缺陷就暴露出了越来越多的问题。然而中华民族的活力恰恰就在于此，近代民族危机非但没有使中国人沉沦，反而激发了中国人的创新潜能，使中国人开始了更加自觉的自我革新道路。

例如资产阶级维新派批判了传统经学的复古主义倾向，确立了历史进步论的观念；又如资产阶级革命派甚至产生了组织和动员工农群众的想法。无可否认，他们的创新尝试为后继者开辟了道路，但他们仍然远没有真正完成中华民族近现代的自我变革。比如维新派的历史进步观念缺乏科学理论的支撑，革命派则没有建立足以将群众组织起来的先进政治组织。历史已经证明，所有这一切都只能由中国共产党人来完成。

其四，中国共产党的成立是中国历史上开天辟地的大事件。在共产党的领导下，中国人民彻底清除了复古主义的羁绊，确立了科学的历史观；人民群众真正被组织了起来，发挥出前所未有的巨大能量。中国共产党人移风易俗，带领人民群众扫除了封建生产关系，粉碎了反动会道门势力，使得中华文明的近现代变革走上了唯一正确的道路。

在这个过程中，中国共产党人创造出了毛泽东思想、中国特色社会主义理论体系。在前者的指导下，中国人民在短短几年内就迅速取得了新民主主义革命和社会主义革命的伟大胜利。在后者的指导下，中国人民在改革开放的道路上取得了一个又一个的伟大成果，不仅消除了物质上的贫困，更创造出了丰富多彩的精神文化生活。

其五，中华文明具有突出的创新性，马克思主义具有与时俱进的理论品质。创新精神是马克思主义基本原理与中华优秀传统文化的一大彼此契合之处，创新实践的结果是中华优秀传统文化与马克思主义基本原理相互成就。

一方面，马克思主义弥补了中华传统文化的缺陷，去除了过去中华文化的复古主义倾向，结束了旧中国一盘散沙的局面，真正使中国人民组织起来，扫除了封建主义文化的障碍。另一方面，中华传统文化使诞生于欧洲的马克思主义具备了中国的理论视野，乃至亚非拉的理论视野。马克思主义中国化时代化的进程已经使得两者融为一体，造就了一个有机统一的新的文化生命体。正如习近平总书记所说："'第二个结合'让马克思主义成为中国的，中华优秀传统文化成为现代的，让经由'结合'而形成的新文化成为中国式现代化的文化形态。"[1]

---

[1] 习近平：《在文化传承发展座谈会上的讲话》，《求是》2023年第17期，第8页。

毛泽东思想是马克思主义中国化的第一个理论结晶，让原本诞生于欧洲无产阶级革命浪潮中的马克思主义，真正成为亚洲殖民地半殖民地民族解放运动的科学理论。中国特色社会主义理论体系是马克思主义中国化的又一个理论结晶，让原本诞生于革命与战争年代的马克思主义，适合于和平与发展的时代主题，真正成为广大发展中国家现代化建设的科学理论。

毫无疑问，习近平新时代中国特色社会主义思想是马克思主义中国化新的飞跃，是中国共产党人创新发展马克思主义基本原理和中华优秀传统文化的最新理论结晶。创新性是我们理解马克思主义中国化时代化的一把钥匙，是理解习近平新时代中国特色社会主义思想的重要切入点之一。

总而言之，中华文明突出的连续性、创新性、统一性、包容性、和平性五位一体，密不可分。连续性与创新性侧重于时间维度，构成了中华民族传统与现代的辩证关系；统一性与包容性侧重于空间维度，构成了中华民族一体与多元的辩证关系；和平性则是中华民族在时间维度和空间维度的精神追求和价值关怀。在五个突出特性当中，创新性是动力，是推动中华民族的车轮滚滚驶向现代文明的动力！

习近平总书记指出："中华文明的创新性，从根本上决定了中华民族守正不守旧、尊古不复古的进取精神，决定了中华民族不惧新挑战、勇于接受新事物的无畏品格。"[1] 大无畏的中华民族不会害怕任何挑战或困难,历史已经雄辩地证明,挑战只会让中华民族愈挫愈勇,只会激发中华民族源源不竭的创新精神,只会让中华民族在进一步的创新实践中奋勇向前。中华民族必将以其突出的创新性,战胜一切困难和挑战!

---

[1] 习近平:《在文化传承发展座谈会上的讲话》,《求是》2023年第17期,第5页。

参考文献

一、理论经典与党的文献

1.（德）马克思、恩格斯

《马克思恩格斯文集》第1、2、3、9卷，北京：人民出版社，2009年。

《马克思恩格斯通信集》第2卷，李季译，北京：生活·读书·新知三联书店，1957年。

《共产党宣言》，北京：人民出版社，2014年。

《家庭、私有制和国家的起源》，北京：人民出版社，2018年。

2.（苏）列宁

《列宁最后的书信和文章》，北京：人民出版社，2001年。

《列宁选集》第1、2卷，北京：人民出版社，2012年。

《列宁全集》第34、42卷，北京：人民出版社，2017年。

3. 毛泽东

《毛泽东选集》第 2—4 卷，北京：人民出版社，1991 年。

4. 邓小平

《邓小平文选》第 3 卷，北京：人民出版社，1993 年。

5. 习近平

《在文化传承发展座谈会上的讲话》，《求是》2023 年第 17 期。

6. 党的文献

《关于建国以来党的若干历史问题的决议》，北京：中共党史出版社，2010 年。

《建党以来重要文献选编》第 1、22 册，北京：中央文献出版社，2011 年。

《国际共产主义运动历史文献》第 48 卷，北京：中央编译出版社，2019 年。

《中共中央关于党的百年奋斗重大成就和历史经验的决议》，北京：人民出版社，2021 年。

二、史料集、方志和工具书

1. （清）梁廷枏：《粤海关志》卷 23，《续修四库全书·史部·政书类》，上海：上海古籍出版社，2002 年影印本。

2. 王铁崖：《中外旧约章汇编》第 1 册，北京：生活·读书·新知三联书店，1957 年。
3. 中国社会科学院语言研究所：《现代汉语词典》第 7 版，北京：商务印书馆，2016 年。
4. 中国社会科学院语言研究所：《新华字典》第 12 版，北京：商务印书馆，2020 年。
5. 中共中央马克思恩格斯列宁斯大林著作编译局资料室：《研究〈哥达纲领批判〉参考史料》，北京：生活·读书·新知三联书店，1978 年。

三、中文专著和文集

1. 蔡和森：《蔡和森文集》，北京：人民出版社，2013 年。
2. 陈独秀：《陈独秀文章选编》上册，北京：生活·读书·新知三联书店，1984 年。
3. 陈晋：《毛泽东读书笔记解析》，广州：广东人民出版社，1996 年。
4. 陈旭麓：《近代中国社会的新陈代谢》，上海：上海人民出版社，1992 年。
5. （清）段玉裁：《说文解字注》，上海：上海古籍出版社，1981 年。

6. （清）方东树：《汉学商兑》卷下，（清）江藩、方东树著：《汉学师承记（外二种）》，北京：生活·读书·新知三联书店，1998年。

7. 冯友兰：《中国哲学史》上、下册，北京：商务印书馆，2011年。

8. 傅斯年：《傅斯年全集》第2卷，欧阳哲生主编，长沙：湖南教育出版社，2000年。

9. 高鲁：《高鲁日记》，理京、理红整理，呼和浩特：内蒙古大学出版社，2004年。

10. （清）顾炎武：《顾亭林诗文集》，华忱之点校，北京：中华书局，1983年。

11. 郭嵩焘：《伦敦与巴黎日记》，长沙：岳麓书社，1984年。

12. （汉）河上公：《老子道德经河上公章句》，王卡点校，北京：中华书局，1993年。

13. 胡适：《胡适来往书信选》中册，耿云志编，北京：中华书局，1979年。

14. 金观涛、刘青峰：《兴盛与危机：论中国社会超稳定结构》，北京：法律出版社，2010年。

15. 黎翔凤：《管子校注》，北京：中华书局，2004年。

16. 梁启超：《梁启超全集》第1、2、4集，汤志钧、汤仁泽编，北京：中国人民大学出版社，2018年。

17. 梁启超：《清代学术概论》，朱维铮校注，北京：中华书局，2010年。

18. 梁启超：《饮冰室文集点校》第6集，吴松等点校，昆明：云南教育出版社，2001年。

19. 梁漱溟：《梁漱溟全集》第3卷，济南：山东人民出版社，2005年。

20. 刘昌明、赵传栋：《创新学教程》，上海：复旦大学出版社，2006年。

21. 吕思勉、童书业：《古史辨》第7册上，上海：上海古籍出版社，1982年影印本。

22. （宋）吕祖谦：《吕祖谦全集》第1册，杭州：浙江古籍出版社，2008年。

23. 茅海建：《天朝的崩溃：鸦片战争再研究》，北京：生活·读书·新知三联书店，1995年。

24. 蒙木桂：《〈哥达纲领批判〉导读》，北京：中国民主法制出版社，2018年。

25. 蒙文通：《蒙文通学记（增补本）》，蒙默编，北京：生活·读书·新知三联书店，2006年。

26. （清）宋恕：《宋恕集》上册，胡珠生编，北京：中华书局，1993年。

27. （清）孙诒让：《墨子间诂》附录，孙启治点校，北京：

中华书局，2001年。

28. 孙中山：《孙中山全集》第9册，北京：中华书局，1986年。

29. （清）谭嗣同：《谭嗣同全集》，北京：生活·读书·新知三联书店，1954年。

30. （宋）王安石：《临川先生文集》，中华书局上海编辑所编辑，北京：中华书局，1959年。

31. （三国魏）王弼：《老子道德经注校释》，楼宇烈校释，北京：中华书局，2008年。

32. 王国维：《观堂集林（外二种）》，彭林整理，石家庄：河北教育出版社，2001年。

33. （清）魏源：《海国图志》卷59，长沙：岳麓书社，1998年。

34. 萧楚女：《萧楚女文存》，中央党史研究室《萧楚女文存》编辑组、广东革命历史博物馆编，北京：中共党史出版社，1998年。

35. 徐炳昶（旭生）：《中国古史的传说时代》，上海：中国文化服务社，1946年。

36. 薛萍：《解读〈哥达纲领批判〉》，长春：吉林出版集团，2014年。

37. 鄢一龙、白钢等：《天下为公：中国社会主义与漫长的21世纪》，北京：中国人民大学出版社，2018年。

38. （清）颜元：《颜元集》，王星贤、张芥尘、郭征点校，北京：中华书局，1987年。

39. 姚东明、何春生：《创新学基础》，上海：上海科学技术出版社，2007年。
40. 张东荪：《中国近代思想家文库·张东荪卷》，左玉河编，北京：中国人民大学出版社，2015年。
41. 张枬、王忍之：《辛亥革命前十年间时论选集》第1卷，北京：生活·读书·新知三联书店，1960年。
42. 张舜徽：《中华人民通史》上册，武汉：华中师范大学出版社，2008年。
43. 章太炎：《章太炎全集》第3册，朱维铮校点，上海：上海人民出版社，1984年。
44. 章太炎：《章太炎全集》第4册，徐复点校，上海：上海人民出版社，1985年。
45. 周丹：《关于中华民族现代文明的答问》，北京：国家行政学院出版社，2023年。
46. （宋）朱熹：《朱子全书》第21册，上海：上海古籍出版社，合肥：安徽教育出版社，2002年。

四、中文论文

1. 邓实：《古学复兴论》，《国粹学报》第9期。

2. 胡厚宣：《中国奴隶社会的人殉和人祭》（下篇），《文物》1974 年第 8 期。
3. 康宇：《论明代数学发展之衰落及其出路的选择》，《自然辩证法研究》2016 年第 4 期。
4. 林鹄：《永不加赋的背后》，《读书》2023 年第 5 期。
5. 林鹄：《火耗归公及其命运》，《读书》2023 年第 10 期。
6. 刘兴林：《浅议商代社会的奴隶——兼谈殉人和人牲的社会身份》，《齐鲁学刊》1990 年第 4 期。

五、中文译著

1. （法）路易·阿尔都塞：《保卫马克思》，顾良译，北京：商务印书馆，1984 年。
2. （英）佩里·安德森：《绝对主义国家的系谱》，刘北成、龚晓庄译，上海：上海人民出版社，2001 年。
3. （法）费尔南·布罗代尔：《菲利普二世时代的地中海和地中海世界》，唐家龙、曾培耿等译，吴模信校，北京：商务印书馆，1996 年。
4. （德）贡德·弗兰克：《白银资本：重视经济全球化中的东方》，刘北成译，成都：四川人民出版社，2017 年。
5. （德）约翰·赫尔德：《中国》，陈爱政等译，载（德）

夏瑞春编:《德国思想家论中国》,南京:江苏人民出版社,1995年。

6. (德)黑格尔:《世界史哲学讲演录(1822—1823)》,刘立群等译,北京:商务印书馆,2015年。

7. (美)塞缪尔·亨廷顿:《美国政治:激荡于理想与现实之间》,先萌奇、景伟明译,北京:新华出版社,2017年。

8. (德)卡尔·考茨基:《帝国主义》,史集译,北京:生活·读书·新知三联书店,1964年。

9. (德)卡尔·考茨基:《考茨基文选》,王学东编,北京:人民出版社,2008年。

10. (美)沃尔特·拉塞尔·米德:《上帝与黄金:英国、美国与现代世界的形成》,涂怡超、罗怡清译,北京:社会科学文献出版社,2014年。

11. (英)赫伯特·斯宾塞:《社会静力学》,张雄武译,北京:商务印书馆,1996年。

12. (英)阿诺德·汤因比:《历史研究》上卷,郭小凌等译,上海:上海人民出版社,2016年。

13. (美)卡尔·A.魏特夫:《东方专制主义》,徐式谷等译,北京:中国社会科学出版社,1989年。

14. (美)约瑟夫·熊彼特:《经济发展理论——对于利润、资本、信贷、利息和经济周期的考察》,何畏、易家详等译,张培刚、易梦虹、杨敬年校,北京:商务印书馆,1990年。

15. (美)约瑟夫·熊彼特:《资本主义、社会主义与民主》,吴良健译,北京:商务印书馆,1999年。

后　记

当前逆全球化趋势加剧，国际冲突日趋频繁，时刻牵动着我们的神经。值此"百年未有之大变局"之际，中华民族将如何应对挑战？又将如何把握机遇？习近平总书记在这个关键时刻总结了中华文明的五个突出特性，强调了"第二个结合"的重要性，又对全国哲学社会科学工作者提出了新时代新的文化使命。这对于我们来讲，既是鼓励，又是压力。如何继承好中华民族珍贵的优秀传统？如何发扬马克思主义的科学精神？这是我们每个哲学社会科学工作者都需要努力探索的问题。这本小书反映了我个人粗浅的思考。

首先需要感谢中国社会科学院哲学研究所所长张志强同志。张志强所长既是我工作上的领导，又是我学术上的前辈，没有他的宏观指导和居中协调，本书不可能问世。张志强所长渊博深邃的学识和循循善诱的教导，大大提高了我的政治素养和业务能力。

感谢哲学所中国哲学研究室主任刘丰同志和任蜜林同志，他们业务素养高超，为人儒雅随和，十分照顾我们这些入所资历尚浅的年轻同志，使我很快能够适应哲学所的工作节奏。这本书当中的许多观点，是在他们的启发之下形成的。感谢同单位的胡海忠、龙涌霖、孙海科等同志。中华文明的五个突出特性相互关联、互为整体，他们以敏锐的学识、独到的见解从事其他突出特性的研究，给我提供了极佳的参照和启发。与他们共同推进中华文明突出特性的研究，是我的荣幸！

感谢薛冰洋同志和章含舟同志，他们全程参与了我们每一次统稿会和校订会，细致入微地帮助我们编辑文稿、操作设备。尽管他们没有直接参与丛书写作，却自觉地肩负起了许许多多写作之外的任务，其发挥的作用并不亚于我们几位作者。感谢哲学所的方正同志，他不厌其烦地承担起了联络和审读工作，大大提高了我们的工作效率。

此外还需要感谢浙江古籍出版社的诸位同志，他们扎实的业务素养和认真的工作态度，使得本书能够走向社会。

这里需要特别感谢华东师范大学的王锐老师和湖北省图书馆的陈龙老师，正是他们的提醒和帮助，让我注意到了张舜徽先生的杰作《中华人民通史》。张先生已经在这本巨著中，把中国古代劳动人民旺盛的创新能力叙述得明明白白。张先生以其渊博的知识，为中国劳动人民写历史，堪称我辈楷模。在此，我要对张舜徽先生表达最诚挚的敬意。

感谢我的妻子张洋云女士，她无微不至的照顾，使我能够全心全意地投入写作！

近年来给我提供帮助的师友为数不知凡几，限于篇幅，这里不能一一列举。倘若这本小书能够为人们树立文化自信起到毫末之功，我的汗水便没有白费。

傅　正

2024 年 3 月 2 日

图书在版编目(CIP)数据

革故鼎新：中华文明突出的创新性 / 傅正著. -- 杭州：浙江古籍出版社，2024.5
（中华文明突出特性阐释丛书 / 张志强主编）
ISBN 978-7-5540-2957-2

Ⅰ.①革… Ⅱ.①傅… Ⅲ.①中华文化－哲学－研究 Ⅳ.①K203②B0

中国国家版本馆 CIP 数据核字（2024）第 088461 号

策　　划	芮　宏	整体设计	吴思璐
组　　稿	关俊红	责任校对	张顺洁
责任编辑	潘铭明	责任印务	楼浩凯

中华文明突出特性阐释丛书
革故鼎新——中华文明突出的创新性
傅　正　著

出版发行	浙江古籍出版社
	（杭州市环城北路 177 号　电话：0571-85068292）
网　　址	https://zjgj.zjcbcm.com
照　　排	浙江大千时代文化传媒有限公司
印　　刷	浙江新华数码印务有限公司
开　　本	880mm×1230mm　1/32
印　　张	6.5
字　　数	120 千字
版　　次	2024 年 5 月第 1 版
印　　次	2024 年 5 月第 1 次印刷
书　　号	978-7-5540-2957-2
定　　价	28.00 元

如发现印装质量问题，影响阅读，请与市场营销部联系调换。